내 손으로 연출하고 제작하는 연극!

시청각 중국어

이종순·이의선·한강영 지음

동양북스

| 중국어뱅크 |

시청각
중국어

초판 인쇄 | 2018년 7월 5일
초판 발행 | 2018년 7월 10일

지은이 | 이종순, 이의선, 한강영
발행인 | 김태웅
편집장 | 강석기
책임편집 | 김다정
디자인 | 김효정
마케팅 총괄 | 나재승
마케팅 | 서재욱, 김귀찬, 오승수, 조경현, 양수아
온라인 마케팅 | 김철영, 양윤모
제　작 | 현대순
총　무 | 김진영, 안서현, 최여진, 강아담
관　리 | 김훈희, 이국희, 김승훈

발행처 | (주)동양북스
주　소 | 제 2014-000055호(2014년 2월 7일)
주　소 | 서울시 마포구 동교로22길 12 (04030)
전　화 | (02)337-1737
팩　스 | (02)334-6624

http://www.dongyangbooks.com

ISBN 979-11-5768-407-6 13720

이 도서의 국립중앙도서관 출판예정도서목록(CIP)은 서지정보유통지원시스템 홈페이지(http://seoji.nl.go.kr)와 국가자료공동목록시스템(http://www.nl.go.kr/ kolisnet)에서 이용하실 수 있습니다.
(CIP제어번호:CIP2018017781)

머리말

　외국어 학습방법에는 여러 가지가 있지만 그중에서도 연극을 통한 외국어 학습은 가장 효과적이라 할 수 있습니다. 그 이유로 첫째, 연극의 언어는 일상생활에서 사용하는 회화체이기에 활용도가 높고, 둘째, 연극을 위해 대사 암기는 물론 연기까지 해야 하니 한 번 공연한 대사는 오래도록 기억되기 때문입니다.

　대부분 대학교에서는 일 년에 한 번 연극제를 개최하는데 이를 수업 시간 외의 시간을 따로 할애하여 준비하고 연습하기가 쉽지 않습니다. 본 교재는 몇 년 동안 학생들이 연극제에서 발표했던 대본을 바탕으로 만든 연극제 준비 교재로, 정규 수업에서 교과서로 활용하거나 또는 이 책의 대본을 변경·보충·창작하여 하나의 자신만의 연극을 만들 수 있도록 구성하였습니다.

　본 교재는 중국어를 1년 이상 배운 학습자를 대상으로 하며, 총 6개의 단막극으로 이루어져 있습니다. 단막극은 국내 여행 관련 내용, 대학 생활이나 일상생활에서 벌어지는 다양한 내용, 중국의 고사성어나 산문을 패러디한 내용 등이 수록되었습니다.

　과마다 5~8개의 씬으로 구성되어있고, 매 씬마다 '연출하기' 코너를 넣어 학습자들이 대본을 쓸 수 있는 기초를 마련하였습니다. '문장 해설' 코너는 대본에 나오는 주요 문형의 관용구나 특징적인 중국어 표현을 설명하여 중국어 어법에 대한 이해를 돕고자 하였습니다. '대사 연습' 코너는 본문에 나왔던 대본 중 하나를 골라 감정 연습을 하여 중국어 어감을 익히도록 하였습니다. '시나리오 쓰기' 코너에서는 매 씬마다 브레인스토밍했던 내용으로 큰 주제에 대한 시나리오를 직접 만들어 보도록 하였습니다.

　흔히 연극을 종합예술이라고 합니다. 이 책을 통하여 중국어 전공자나 학습자들이 실생활의 다양한 소재를 활용하여 강의실에서 배울 수 없는 지식과 교양을 넓히는 계기가 되었으면 합니다. 아울러 학우들과 협력을 이루어 연극을 준비하고, 무대에 올리는 과정을 통해 중국어에 대한 자신감을 키우고 재미있게 중국어를 학습하는 데 도움이 되길 바랍니다. 끝으로 이 책의 본문이 만들어지는 데 대본을 제공한 한국관광대학교 관광중국어과 학생들과 이 책이 출간되기까지 힘써주신 동양북스 김태웅 사장님, 그리고 중국어 편집부 한 분 한 분께 심심한 감사의 뜻을 표합니다.

저자 이종순. 이의선. 한강영

목차

이 책의 구성과 특징

단원 도입

등장인물의 캐릭터와 줄거리를 소개하였습니다. 이를 통해 각 극을 개괄적으로 이해할 수 있습니다.

Scene과 연출하기

지문과 대사를 통해 스토리를 이해할 수 있습니다. 또한 대본의 내용을 요약하고, 대사와 동작, 무대 표현 등을 스스로 구상할 수 있습니다.

문장해설

Scene에 나온 주요 문장을 설명하였습니다. 정확한 해설과 다양하고 실용적인 예문을 통해 주요 표현과 문법을 이해할 수 있습니다.

대사연습과 시나리오 쓰기

어기에 주의하면서 문장을 말하는 연습을 통해 중국어의 어감을 익힐 수 있습니다. 또, 본문의 소재를 활용하여 자신만의 극을 쓰는 연습을 할 수 있습니다.

플러스 연습

인물과 사건이 있는 짧은 이야기를 제시하였습니다. 이야기를 시나리오로 바꾸어보며 극 구성에 대한 확장적인 연습을 할 수 있습니다.

제1편

서울 여행기

줄거리

한국 관광을 위해 인천공항에 입국한 중국인 관광객들. 공항으로 마중 나온 가이드와 인사를 나눈 후 버스를 타고 호텔로 이동한다. 첫 일정은 호텔 한식당! 삼계탕의 모양에 놀라고 맛에 반한 관광객들. 두 번째 일정으로 조선 시대 왕궁인 경복궁을 구경하며 경복궁의 역사를 이야기하고 경회루를 비롯한 건축물에 감탄한다. 인사동 거리에서 공예품과 인사동 명물인 꿀타래를 구경하는 관광객들. 아이돌 가수의 공연을 끝으로 관광 일정을 마친 이들은 가이드와 마지막 인사를 나누며 한국 관광 소감을 이야기한다.

공항 입국장에서 가이드가 깃발을 들고 중국인 관광객들을 맞이한다.

🎧 MP3 01-01

导游 你们好，我是韩中旅行社的导游。
Nǐmen hǎo, wǒ shì Hánzhōng lǚxíngshè de dǎoyóu.

欢迎各位到韩国来旅行。
Huānyíng gè wèi dào Hánguó lái lǚxíng.

夫妇(女) 你好，我们这是第一次来韩国就多拜托你了。
Nǐ hǎo, wǒmén zhè shì dì-yī cì lái Hánguó jiù duō bàituō nǐ le.

夫妇(男) 我们的日程是怎么安排的?
Wǒmen de rìchéng shì zěnme ānpái de?

导游 这是日程表，您看一下。
Zhè shì rìchéngbiǎo, nín kàn yíxià.

夫妇(男) 不错，您安排得很周到。
Búcuò, nín ānpái de hěn zhōudào.

🎧 MP3 01-02

단어

导游 dǎoyóu 명 관광 안내원,
　　가이드

旅行社 lǚxíngshè 명 여행사

夫妇 fūfù 명 부부

拜托 bàituō 동 부탁드리다

日程 rìchéng 명 일정

安排 ānpái 동 (인원, 시간 등
　　을) 안배하다

一下 yíxià 양 동사 뒤에 쓰여
　　'좀 ~하다'의 뜻을 나타냄

周到 zhōudào 형 세심하다,
　　빈틈없다

연출하기
Direction

가이드와 관광객이 첫 만남에서 또 어떤 인사를 나눌 수 있을지 이야기해 봅시다.

_____

_____

_____

_____

🎬 더 생각해보기

▶ 인물의 대사와 동작을 어떻게 표현할 수 있을까요?

▶ 배경, 음악, 조명, 소품 등 어떤 무대 장치를 활용할 수 있을까요?

대본 해석

가이드   안녕하세요, 저는 한중여행사의 가이드입니다. 한국에 오신 여러분을 환영합니다.

부부(여)   안녕하세요, 한국 방문이 처음이니 잘 부탁드립니다.

부부(남)   저희들의 일정은 어떻게 되나요?

가이드   이것이 일정표이니 한번 보세요.

부부(남)   좋아요, 일정이 정말 빈틈이 없네요.

Scene 2
Drama

가이드가 관광객들을 인솔하여 버스를 타고 서울로 이동한다.

🎧 MP3 01-03

导游 我们先去酒店。请跟我来，请上车吧。
Wǒmen xiān qù jiǔdiàn. Qǐng gēn wǒ lái, qǐng shàng chē ba.

司机 请把安全带系好。我们马上出发。
Qǐng bǎ ānquándài jìhǎo. Wǒmen mǎshàng chūfā.

(大家做系安全带的动作)
(dàjiā zuò jì ānquándài de dòngzuò)

导游 大家都到齐了吧？我们现在去酒店。
Dàjiā dōu dàoqí le ba? Wǒmen xiànzài qù jiǔdiàn.

(大巴出发后经过仁川大桥)
(dàbā chūfā hòu jīngguò Rénchuān dàqiáo)

晓宁 你们看，仁川大桥！
Nǐmen kàn, Rénchuān dàqiáo!

导游 仁川大桥是韩国最长的一座大桥。
Rénchuān dàqiáo shì Hánguó zuì cháng de yí zuò dàqiáo.

游客们 哇！真壮观啊！
Wā! Zhēn zhuàngguān a!

🎧 MP3 01-04

단어

酒店 jiǔdiàn 몡 호텔

跟 gēn 동 따르다, 따라가다

司机 sījī 몡 기사

安全带 ānquándài
몡 안전벨트

系 jì 동 매다, 묶다

马上 mǎshàng 부 곧, 즉시

出发 chūfā 동 출발하다

动作 dòngzuò 몡 행동, 동작

到齐 dàoqí 동 모두 도착하다,
다 오다

经过 jīngguò
동 지나다, 통과하다

仁川大桥 Rénchuān dàqiáo
고유 인천대교

座 zuò 양 좌·동·채[산·건축물·
교량 따위를 세는 단위]

游客 yóukè 몡 관광객

壮观 zhuàngguān
몡 혱 장관(이다)

 **연출하기**
Direction

본인이 가이드가 되어 서울의 한 곳을 소개해 봅시다.

_____

_____

_____

_____

_____

 더 생각해보기

▶ 인물의 대사와 동작을 어떻게 표현할 수 있을까요?

▶ 배경, 음악, 조명, 소품 등 어떤 무대 장치를 활용할 수 있을까요?

대본 해석

가이드	먼저 호텔로 이동하겠습니다. 저를 따라 오셔서 차에 타세요.
기사	안전벨트를 매 주세요. 곧 출발하겠습니다.
	(모두 안전벨트 매는 동작을 한다)
가이드	모두 다 오셨지요? 이제 호텔로 이동하겠습니다.
	(버스가 출발해서 인천대교를 지난다)
샤오닝	저기 보세요, 인천대교예요!
가이드	인천대교는 한국에서 제일 긴 대교입니다.
관광객들	와! 정말 장관이네요!

Scene3

Drama

호텔에 도착하여 체크인 수속을 한다.

🎧 MP3 01-05

司机	酒店到了。请下车。

Jiǔdiàn dào le. Qǐng xià chē.

（游客们下车后进酒店）
(yóukèmen xià chē hòu jìn jiǔdiàn)

服务员 欢迎光临！
Huānyíng guānglín!

导游 请把你们的护照给我。
Qǐng bǎ nǐmen de hùzhào gěi wǒ.

服务员 你们预约的是标准间吧？
Nǐmen yùyuē de shì biāozhǔnjiān ba?

导游 是的。
Shì de.

（酒店职员正在用电脑办理入住手续）
(jiǔdiàn zhíyuán zhèngzài yòng diànnǎo bànlǐ rùzhù shǒuxù)

服务员 手续一切都好了。这是你们的护照和房卡。
Shǒuxù yíqiè dōu hǎo le. Zhè shì nǐmen de hùzhào hé fángkǎ.

导游 谢谢！
Xièxie!

夫妇(女) 哎哟，酒店真好啊！
Āiyō, jiǔdiàn zhēn hǎo a!

夫妇(男) 里边的装修也很漂亮。
Lǐbian de zhuāngxiū yě hěn piàoliang.

🎧 MP3 01-06

단어

光临 guānglín 몡 통 왕림(하다)

护照 hùzhào 몡 여권

预约 yùyuē 몡 통 예약(하다)

标准间 biāozhǔnjiān
    몡 스탠다드룸, 일반실

办理 bànlǐ 통 처리하다

入住 rùzhù 통 숙박하다

手续 shǒuxù 몡 수속, 절차

一切 yíqiè 혱 일체의 모든, 온갖

房卡 fángkǎ 몡 객실 카드

装修 zhuāngxiū 몡 인테리어

연출하기
Direction

여행객이 되어 호텔 시설에 관하여 이야기해 봅시다.

_____

_____

_____

_____

🎬 더 생각해보기

▶ 인물의 대사와 동작을 어떻게 표현할 수 있을까요?

▶ 배경, 음악, 조명, 소품 등 어떤 무대 장치를 활용할 수 있을까요?

대본 해석

기사	호텔에 도착하였습니다. 내리십시오.
	(관광객들이 차에서 내려서 호텔 안으로 들어간다)
종업원	어서 오세요!
가이드	여권을 저에게 주십시오.
종업원	스탠다드룸으로 예약하셨죠?
가이드	그렇습니다.
	(호텔 종업원이 컴퓨터로 체크인 수속을 한다)
종업원	수속을 모두 마쳤습니다. 여권과 객실 카드가 여기 있습니다.
가이드	감사합니다!
부부(여)	어머나, 호텔이 정말 좋네요!
부부(남)	내부 인테리어도 매우 예쁘네요.

Scene4

Drama

관광객들은 가이드를 따라 호텔 한식당에서 삼계탕을 맛본다.

🎧 MP3 01-07

导游　这是韩国有名的参鸡汤。
　　　Zhè shì Hánguó yǒumíng de shēnjītāng.

夫妇(女)　哇，真香啊！你们快吃吧。
　　　Wā, zhēn xiāng a! nǐmen kuài chī ba.

晓宁　嗯，味道真不错。
　　　Ǹg, wèidào zhēn búcuò.

夫妇(男)　鸡肚子里装得满满的是什么？
　　　Jī dùzi li zhuāng de mǎnman de shì shénme?

（导游把鸡肚子里的材料一个个掏出来给游客看）
(dǎoyóu bǎ jī dùzi li de cáiliào yígège tāo chūlái gěi yóukè kàn)

导游　是糯米、红枣儿、板栗还有人参等等。
　　　Shì nuòmǐ, hóngzǎor, bǎnlì hái yǒu rénshēn děngdeng.

夫妇(男)　老婆你回家给我做，好吗？
　　　Lǎopo nǐ huí jiā gěi wǒ zuò, hǎo ma?

夫妇(女)　哪有那么容易做啊！
　　　Nǎ yǒu nàme róngyì zuò a!

导游　汤快要凉了，一边吃一边聊吧。
　　　Tāng kuàiyào liáng le, yìbiān chī yìbiān liáo ba.

🎧 MP3 01-08

단어

有名 yǒumíng [형] 유명하다

参鸡汤 shēnjītāng [명] 삼계탕

香 xiāng [형] 맛있다, 향기롭다

味道 wèidào [명] 맛

肚子 dùzi [명] 배, 복부

装 zhuāng [동] 담다

满 mǎn [형] 꽉 차다, 가득하다

材料 cáiliào [명] 재료

掏 tāo [동] 끄집어내다

糯米 nuòmǐ [명] 찹쌀

红枣儿 hóngzǎor [명] 대추

板栗 bǎnlì [명] 밤

人参 rénshēn [명] 인삼

容易 róngyì [형] 쉽다, 용이하다

聊 liáo [동] 한담하다, 잡담하다

좋아하는 한국 음식을 한 가지 정해 소개해 봅시다.

 더 생각해보기

▶ 인물의 대사와 동작을 어떻게 표현할 수 있을까요?

▶ 배경, 음악, 조명, 소품 등 어떤 무대 장치를 활용할 수 있을까요?

대본 해석

가이드	이 음식은 한국의 유명한 삼계탕입니다.
부부(여)	와, 정말 맛있어요! 여러분도 빨리 먹어요.
샤오닝	응, 맛이 정말 좋아요.
부부(남)	닭의 배 속에 가득 차 있는 건 뭐예요?
	(가이드가 닭의 배 속에 있는 재료들을 하나씩 꺼내어 보여 준다)
가이드	찹쌀, 대추, 밤 그리고 인삼 등입니다.
부부(남)	여보 집에 가서 이거 만들어 줄래요?
부부(여)	어디 그렇게 쉽게 하겠어요!
가이드	삼계탕 다 식겠어요. 드시면서 얘기합시다.

Scene5

Drama

관광객들은 경복궁을 참관한다.

MP3 01-09

导游　　这里是景福宫。
　　　　Zhèli shì Jǐngfúgōng.

夫妇(女)　这是什么时代的王宫？
　　　　Zhè shì shénme shídài de wánggōng?

导游　　这是朝鲜时代的王宫。
　　　　Zhè shì Cháoxiān shídài de wánggōng.

夫妇(男)　朝鲜王朝统治的时间最长，对吗？
　　　　Cháoxiān wángcháo tǒngzhì de shíjiān zuì cháng, duì ma?

导游　　是的，景福宫是历史最古老的宫殿。
　　　　Shì de, Jǐngfúgōng shì lìshǐ zuì gǔlǎo de gōngdiàn.

（前面看到庆会楼）
(qiánmiàn kàndào Qìnghuìlóu)

晓宁　　前边儿水上的建筑很漂亮啊！
　　　　Qiánbianr shuǐ shàng de jiànzhù hěn piàoliang a!

导游　　那就是庆会楼。
　　　　Nà jiù shì Qìnghuìlóu.

　　　　庆会楼是国王举行宴会的地方。
　　　　Qìnghuìlóu shì guówáng jǔxíng yànhuì de dìfang.

MP3 01-10

단어

景福宫 Jǐngfúgōng
　　[고유] 경복궁

时代 shídài
　　[명] (역사상의) 시대, 시기

王宫 wánggōng [명] 왕궁, 궁궐

朝鲜 Cháoxiān [고유] 조선[대한민국 성립 이전 고려 이후의 우리나라 왕조 이름]

统治 tǒngzhì
　　[동] 통치하다, 다스리다

历史 lìshǐ [명] 역사

古老 gǔlǎo [형] 오래 되다

宫殿 gōngdiàn [명] 궁전

庆会楼 Qìnghuìlóu
　　[고유] 경회루

建筑 jiànzhù [명] 건축물

国王 guówáng [명] 국왕

举行 jǔxíng [동] 거행하다

宴会 yànhuì [명] 연회, 파티

연출하기
Direction

경복궁의 건축물 중 하나를 골라 이야기해 봅시다.

_____

_____

_____

_____

 더 생각해보기

▸ 인물의 대사와 동작을 어떻게 표현할 수 있을까요?

▸ 배경, 음악, 조명, 소품 등 어떤 무대 장치를 활용할 수 있을까요?

대본 해석

가이드	이곳은 경복궁입니다.
부부(여)	이곳은 어느 시대의 왕궁인가요?
가이드	조선 시대의 왕궁입니다.
부부(남)	조선 왕조의 통치 기간이 제일 길어요. 그렇죠?
가이드	네, 경복궁은 역사가 가장 오래된 궁전입니다.
	(앞쪽에 경회루가 보인다)
샤오닝	앞쪽의 물 위에 있는 건물이 매우 아름다워요!
가이드	저것이 바로 경회루입니다. 경회루는 국왕이 연회를 베풀던 곳입니다.

Scene6

Drama

관광객들이 인사동 거리를 구경한다.　　　　　　　　　　　🎧 MP3 01-11

导游　　这里是首尔著名的仁寺洞街。
　　　　　Zhèli shì Shǒu'ěr zhùmíng de Rénsìdòng jiē.

夫妇(男)　这里的工艺品真漂亮啊！
　　　　　Zhèli de gōngyìpǐn zhēn piàoliang a!

夫妇(女)　你看，那是什么？老公我想吃这个。
　　　　　Nǐ kàn, nà shì shénme? Lǎogōng wǒ xiǎng chī zhè ge.

导游　　那是龙须糖，很好吃。
　　　　　Nà shì lóngxūtáng, hěn hǎochī.

夫妇(男)　一个多少钱？
　　　　　Yí ge duōshao qián?

商贩　　五千韩币。
　　　　　Wǔ qiān hánbì.

晓宁　　那儿有歌手演出，我们去看看吧。
　　　　　Nàr yǒu gēshǒu yǎnchū, wǒmen qù kànkan ba.

🎧 MP3 01-12

단어

著名 zhùmíng [형] 유명하다

仁寺洞 Rénsìdòng
　　　　　[고유] 인사동

街 jiē [명] 거리, 길거리

工艺品 gōngyìpǐn
　　　　　[명] (수)공예품

龙须糖 lóngxūtáng [명] 꿀타래

商贩 shāngfàn [명] 노점 상인

韩币 hánbì [명] 한국 화폐, 한국 돈

歌手 gēshǒu [명] 가수

演出 yǎnchū [동] 공연하다

인사동 거리의 또 다른 볼거리, 먹을거리에 대해 이야기해 봅시다.

🎬 더 생각해보기

▸ 인물의 대사와 동작을 어떻게 표현할 수 있을까요?

▸ 배경, 음악, 조명, 소품 등 어떤 무대 장치를 활용할 수 있을까요?

대본 해석

가이드	이곳은 서울에서 유명한 인사동 거리입니다.
부부(남)	여기 공예품들이 정말 예쁘네요!
부부(여)	저기 좀 봐요. 저건 뭐예요? 여보 나 저거 먹고 싶어요.
가이드	저것은 꿀타래입니다. 아주 맛있어요.
부부(남)	하나에 얼마인가요?
노점 상인	5,000원입니다.
샤오닝	저기 가수들이 공연을 해요. 우리 가서 봐요.

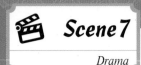

Scene 7
Drama

아이돌 가수 공연을 끝으로 관광객들과 가이드가 마지막 인사를 나눈다.　🎧MP3 01-13

导游 今天的演出怎么样?
Jīntiān de yǎnchū zěnmeyàng?

晓宁 太棒了! 真让人大饱眼福!
Tài bàng le! Zhēn ràng rén dàbǎo yǎnfú!

夫妇(女) 韩民族真是一个能歌善舞的民族。
Hánmínzú zhēnshi yí ge nénggē shànwǔ de mínzú.

夫妇(男) 今天我们亲身体会到了韩流的热潮。
Jīntiān wǒmen qīnshēn tǐhuì dào le hánliú de rècháo.

(就要分别了，大家互相打招呼告别)
(jiùyào fēnbié le, dàjiā hùxiāng dǎ zhāohu gàobié)

夫妇(女) 这几天您太辛苦了。
Zhè jǐ tiān nín tài xīnkǔ le.

导游 这是我应该做的，欢迎你们再来韩国。
Zhè shì wǒ yīnggāi zuò de, huānyíng nǐmen zài lái Hánguó.

(大家互相问候落下帷幕)
(dàjiā hùxiāng wènhòu luòxià wéimù)

🎧MP3 01-14

단어

棒 bàng 〔형〕(수준이) 높다. (성적이) 뛰어나다. 훌륭하다

让 ràng 〔개〕~로 하여금

大饱眼福 dàbǎo yǎnfú 〔성〕실컷 보고 즐기다

能歌善舞 nénggē shànwǔ 〔성〕노래도 잘하고 춤도 잘 추다

民族 mínzú 〔명〕민족

亲身 qīnshēn 〔부〕친히, 스스로, 몸소

体会 tǐhuì 〔동〕체득하다. 이해하다

韩流 hánliú 〔명〕한류

热潮 rècháo 〔명〕열기, 붐(boom)

分别 fēnbié 〔동〕헤어지다

打招呼 dǎ zhāohu 인사하다

辛苦 xīnkǔ 〔형〕수고하십니다. 수고했습니다

应该 yīnggāi 〔조동〕마땅히 ~해야 한다

问候 wènhòu 〔동〕인사를 나누다

落下 luòxià 〔동〕내리다

帷幕 wéimù 〔명〕막

연출하기
Direction

공연 관람 후와 헤어질 때 어떤 인사를 나눌지 이야기해 봅시다.

 더 생각해보기

▶ 인물의 대사와 동작을 어떻게 표현할 수 있을까요?

▶ 배경, 음악, 조명, 소품 등 어떤 무대 장치를 활용할 수 있을까요?

대본 해석

가이드	오늘 공연 어떠셨습니까?
샤오닝	정말 최고였어요! 정말 실컷 보고 즐겼네요!
부부(여)	한민족은 정말 노래도 잘하고 춤도 잘 추는 민족이에요.
부부(남)	오늘 저희는 한류의 열기를 몸소 체험했어요.
	(헤어질 시간이 되어 서로 인사를 나눈다)
부부(여)	며칠 동안 고생 많으셨습니다.
가이드	제가 당연히 해야 할 일인 걸요. 다음에 또 한국에 오십시오.
	(서로 인사하면서 막이 내린다)

문장 해설
Explanation

1 欢迎

동사 欢迎은 중국에서 가장 흔히 사용하는 인사말로 '환영하다', '매우 즐겁게 영접하다'는 의미이다. 처음 만날 때 "欢迎欢迎", "欢迎光临"의 표현으로 자주 쓰인다. 여행객이나 손님을 환영한다는 의미로 널리 사용된다.

해설 예문

欢迎各位到韩国来旅行。
Huānyíng gè wèi dào Hánguó lái lǚxíng.
한국에 오신 여러분을 환영합니다.

欢迎各位到我家来作客。
Huānyíng gè wèi dào wǒ jiā lái zuòkè.
저희 집에 오신 여러분을 환영합니다.

欢迎各位到我公司来访问。
Huānyíng gè wèi dào wǒ gōngsī lái fǎngwèn.
저희 회사를 방문해 주신 여러분을 환영합니다.

2 先……，然后……

전후 두 가지 사건이 잇따라 발생함을 나타내는데 뒤의 일이 앞의 일이 일어난 다음에야 발생함을 강조한다. 우리말의 '먼저 ~하고, 그 다음 ~하다'에 해당한다.

해설 예문

我们先去酒店，然后吃饭。
Wǒmen xiān qù jiǔdiàn, ránhòu chī fàn.
저희는 먼저 호텔로 가고, 그 다음 밥을 먹겠습니다.

我们先听音乐然后再跳舞。
Wǒmen xiān tīng yīnyuè ránhòu zài tiàowǔ.
저희는 먼저 음악을 듣고 그 다음 춤을 춥시다.

我们先吃烤肉然后吃冷面。
Wǒmen xiān chī kǎoròu ránhòu chī lěngmiàn.
저희는 먼저 불고기를 먹고 그 다음 냉면을 먹읍시다.

단어 ▶ **作客** zuòkè 图 손님이 되다. 방문하다 | **公司** gōngsī 图 회사 | **访问** fǎngwèn 图图 방문(하다) | **跳舞** tiàowǔ 图 춤을 추다 | **烤肉** kǎoròu 图 구운 고기. 불고기 | **冷面** lěngmiàn 图 냉면. 냉국수

22

3 满满

'꽉 (가득) 차다', '가득하다', '빽빽하다'라는 의미의 형용사이다. 아래 예문처럼 어떤 장소나 공간이 꽉 찼다는 표현을 할 때 쓰인다.

해설 예문
鸡肚子里装得满满的是什么?
Jī dùzi li zhuāng de mǎnman de shì shénme?
닭의 배 속에 가득 차 있는 건 뭐예요?

地铁里的人满满地很拥挤。
Dìtiě li de rén mǎnman de hěn yōngjǐ.
지하철에는 사람들이 꽉 차 있다.

他吃了满满的一碗饭。
Tā chī le mǎnman de yì wǎn fàn.
그는 꽉 찬 밥 한 그릇을 먹었다.

4 快要……了

어떤 동작이나 상황이 곧 발생하려는 상태를 말한다. 우리말의 '곧 ~하다', '머지않아 ~하다'라는 의미이며 「快……了」, 「要……了」로 쓰이기도 한다.

해설 예문
汤快要凉了。
Tāng kuàiyào liáng le.
탕이 다 식겠어요.

电影快要结束了。
Diànyǐng kuàiyào jiéshù le.
영화가 곧 끝나가요.

商店快要关门了。
Shāngdiàn kuàiyào guān mén le.
상점이 곧 닫아요.

단어 ▶ **地铁 dìtiě** 명 지하철 | **拥挤 yōngjǐ** 형 붐비다, 혼잡하다 | **碗 wǎn** 양 그릇·공기 등을 세는 단위 | **结束 jiéshù** 동 끝나다, 마치다 | **关门 guān mén** 동 문을 닫다

▶ 의문·감탄·칭찬 등의 어기에 주의하여 다음 대사를 큰 소리로 읽어봅시다. 　🎧 MP3 01-15

❶ 导游　今天的演出怎么样?
Jīntiān de yǎnchū zěnmeyàng?　☐☐☐

❷ 晓宁　太棒了! 真让人大饱眼福!
Tài bàng le! Zhēn ràng rén dàbǎo yǎnfú!　☐☐☐

❸ 夫妇(女)　韩民族真是一个能歌善舞的民族。
Hánmínzú zhēnshi yí ge nénggē shànwǔ de mínzú.　☐☐☐

❹ 夫妇(男)　今天我们亲身体会到了韩流的热潮。
Jīntiān wǒmen qīnshēn tǐhuì dào le hánliú de rècháo.　☐☐☐

❺ 夫妇(女)　这几天您太辛苦了。
Zhè jǐ tiān nín tài xīnkǔ le.　☐☐☐

❻ 导游　这是我应该做的，欢迎你们再来韩国。
Zhè shì wǒ yīnggāi zuò de, huānyíng nǐmen zài iái Hánguó.　☐☐☐

✒ 시나리오 쓰기
Writing

▶ 4박 5일 일정의 한국 여행을 주제로 한 시나리오를 중국어로 작성해 봅시다.

등장인물

줄거리

인물

대사

시나리오 쓰기
Writing

인물

대사

고진감래

줄거리

두근두근 설렘 가득한 대학 신입생 민정.
첫 오리엔테이션 날 대학생이 되었다는 부푼 기대감으로 행복하다. 또 같은 반 친구 신혜와 효주가 이미 HSK 6급을 소지하고 있다는 말을 듣고 중국어 공부도 더욱 열심히 하겠다는 다짐을 한다.
처음 배우는 중국어에 흥미를 느끼고 열심히 따라 하던 민정은 몇 주의 진도가 나가자 외워야 할 단어도 많아지고 한자도 어려워 자신만 뒤처지는 것 같은 느낌을 받는데……. 과연 민정의 대학 생활은 순조로울까?

대학생 첫 날, 학생들이 강의실에서 만나 인사를 나눈다.

🎧 MP3 02-01

民庭 哇！终于我也成了大学生。
Wā! Zhōngyú wǒ yě chéng le dàxuéshēng.

我要努力学习汉语，要变得更美，也要爱上帅哥。
Wǒ yào nǔlì xuéxí hànyǔ, yào biàn de gèng měi, yě yào àishàng shuàigē.

孝珠 你好！认识你很高兴！
Nǐ hǎo! Rènshi nǐ hěn gāoxìng!

我叫孝珠，她叫信惠。今年二十岁。
Wǒ jiào Xiàozhū, tā jiào Xìnhuì. Jīnnián èrshí suì.

民庭 我也是二十岁。见到你们我也很高兴！
Wǒ yě shì èrshí suì. Jiàndào nǐmen wǒ yě hěn gāoxìng!

你们学过汉语吗?
Nǐmen xuéguo hànyǔ ma?

信惠 我们曾经在中国留过学，现在有HSK六级。
Wǒmen céngjīng zài Zhōngguó liúguo xué, xiànzài yǒu HSK liù jí.

民庭 啊……是吗? 我学汉语没多久，要更加努力!
Ā…… shì ma? Wǒ xué hànyǔ méi duō jiǔ, yào gèngjiā nǔlì!

请多多关照。
Qǐng duōduo guānzhào.

🎧 MP3 02-02

단어

终于 zhōngyú 〔부〕마침내, 결국

帅哥 shuàigē 〔명〕잘생긴 남자
　　　를 이르는 말

曾经 céngjīng
　　　〔부〕일찍이, 이전에, 이미

留学 liúxué 〔동〕유학하다

更加 gèngjiā 〔부〕더욱더, 한층

关照 guānzhào 〔동〕돌보다,
　　　보살피다, 배려하다

대학생이 된 첫 날과 첫 수업을 떠올리며 자기소개와 새 학기 다짐을 이야기해 봅시다.

_____

_____

_____

_____

더 생각해보기

▶ 인물의 대사와 동작을 어떻게 표현할 수 있을까요?

▶ 배경, 음악, 조명, 소품 등 어떤 무대 장치를 활용할 수 있을까요?

대본 해석

민정   와! 마침내 나도 대학생이 됐어. 중국어를 열심히 공부하고, 더 예뻐지고, 멋진 남자친구도 사귀어야지.

효주   안녕! 만나서 반가워! 나는 효주고, 얘는 신혜라고 해. 올해 스무 살이야.

민정   나도 스무 살이야. 너희를 만나게 되어서 나도 매우 기뻐! 너희 중국어 배운 적 있니?

신혜   우린 예전에 중국에서 유학한 적이 있어. 지금은 HSK 6급이 있고.

민정   아…… 그래? 나는 중국어를 배운 지 얼마 되지 않아서 더 열심히 노력해야겠다! 앞으로 잘 부탁해.

민정은 중국어를 재미있게 시작했지만, 시간이 흐르자 점점 어려움을 느낀다.　　🎧 MP3 02-03

（在教室，第一节课）
(zài jiàoshì, dì-yī jié kè)

教授　同学们好！欢迎你们成为大学生。
　　　Tóngxuémen hǎo! Huānyíng nǐmen chéngwéi dàxuéshēng.

　　　我们班已经有取得HSK五、六级的学生，
　　　Wǒmen bān yǐjīng yǒu qǔdé HSK wǔ、liù jí de xuésheng,

　　　希望你们毕业的时候都成为中国通。
　　　xīwàng nǐmen bìyè de shíhou dōu chéngwéi zhōngguótōng.

　　　好！我们现在开始上课。bō pō mō fō……
　　　Hǎo! Wǒmen xiànzài kāishǐ shàngkè. bō pō mō fō……

（大家跟着老师一起读）
(dàjiā gēnzhe lǎoshī yìqǐ dú)

民庭　哇！学汉语挺有意思啊。我还以为很难呢。
　　　Wā! Xué hànyǔ tǐng yǒu yìsi a. Wǒ hái yǐwéi hěn nán ne.

（在教室，第四节课）
(zài jiàoshì, dì-sì jié kè)

教授　（做着走的动作）"酒店离这儿远吗？
　　　(zuòzhe zǒu de dòngzuò) "Jiǔdiàn lí zhèr yuǎn ma?

　　　要走多长时间？"
　　　Yào zǒu duōcháng shíjiān?"

民庭　（叹息着）啊……汉语真难啊。
　　　(tànxīzhe)　Ā…… hànyǔ zhēn nán a.

　　　不但发音难，要学的汉字也太多了。
　　　Búdàn fāyīn nán, yào xué de hànzì yě tài duō le.

　　　怎么觉得只有我跟不上呢？
　　　Zěnme juéde zhǐyǒu wǒ gēn bu shàng ne?

🎧 MP3 02-04

단어

已经 yǐjīng 〔부〕 이미, 벌써

取得 qǔdé 〔동〕 취득하다, 얻다

毕业 bìyè 〔명〕〔동〕 졸업(하다)

中国通 zhōngguótōng
　〔명〕 중국통, 중국에 정통한 사람

挺 tǐng 〔부〕 꽤, 제법, 상당히

以为 yǐwéi 〔동〕 여기다, 생각하다,
　알다['~라고 여겼는데 아
　니다'라는 어기를 나타냄]

叹息 tànxī 〔동〕 탄식하다

跟不上 gēn bu shàng
　따라갈 수 없다, 뒤떨어지
　다, 뒤지다

인상 깊은 교수님의 수업 방식을 모방하여 수업 상황을 설정해 봅시다.

 더 생각해보기

▶ 인물의 대사와 동작을 어떻게 표현할 수 있을까요?

▶ 배경, 음악, 조명, 소품 등 어떤 무대 장치를 활용할 수 있을까요?

대본 해석

(교실에서, 첫 수업 시간)

교수　여러분 안녕하세요! 대학생이 된 것을 환영합니다. 우리 반에는 이미 HSK 5, 6급을 취득한 학생들이 있네요. 졸업할 때는 여러분 모두 중국통이 되길 바랍니다. 자! 그럼 지금부터 수업을 시작하겠습니다. bō pō mō fō……

(모두 선생님을 따라 읽는다)

민정　와! 중국어 정말 재미있다. 난 어려울 거라고 생각했는데 말이야.

(교실에서, 네 번째 수업 시간)

교수　(걸어가는 동작을 하며) "호텔은 여기서 멉니까? 얼마나 가야 하나요?"

민정　(한숨을 내쉬며) 아…… 중국어 정말 어렵다. 발음도 어렵고, 익혀야 할 한자도 너무 많아. 왜 나만 못 따라가는 것 같지?

민정은 친구들과 함께 클럽에서 즐거운 시간을 보낸다.　　　　🎧 MP3 02-05

女同学1　汉语怎么这么难学？唉！太辛苦了。
　　　　Hànyǔ zěnme zhème nán xué? Ài! Tài xīnkǔ le.

女同学2　就是啊，要学的汉字也多。听说信惠和孝珠已经
　　　　Jiù shì a, yào xué de hànzì yě duō. Tīngshuō Xìnhuì hé Xiàozhū yǐjīng

　　　　有六级，不管我们怎么努力，都超不过她们。真烦！
　　　　yǒu liù jí, bùguǎn wǒmen zěnme nǔlì, dōu chāo bu guò tāmen. Zhēn fán!

男同学1　哎呀，人生就是不平等的！别想了，既然来了，
　　　　Āiyā, rénshēng jiù shì bù píngděng de! Bié xiǎng le, jìrán lái le,

　　　　就痛痛快快地玩儿一场吧。
　　　　jiù tòngtong kuàikuai de wánr yì chǎng ba.

　　　　（妈妈打来的电话）
　　　　(māma dǎlái de diànhuà)

民庭　又来电话了。（赶紧走到安静的地方）
　　　　Yòu lái diànhuà le. (gǎnjǐn zǒudào ānjìng de dìfang)

妈妈　女儿，干嘛呢？身体还好吧？你要好好学习啊。
　　　　Nǚ'ér, gàn má ne? Shēntǐ hái hǎo ba? Nǐ yào hǎohao xuéxí a.

民庭　我在图书馆，正在学习呢。
　　　　Wǒ zài túshūguǎn, zhèngzài xuéxí ne.

　　　　我觉得汉语太难学，好像不适合我。
　　　　Wǒ juéde hànyǔ tài nán xué, hǎoxiàng bú shìhé wǒ.

妈妈　中文系是你自己选的，你就得努力学习。
　　　　Zhōngwén xì shì nǐ zìjǐ xuǎn de, nǐ jiù děi nǔlì xuéxí.

民庭　知道了，快给我寄点零用钱，挂了！
　　　　Zhīdào le, kuài gěi wǒ jì diǎn língyòngqián, guà le!

🎧 MP3 02-06

단어

不管 bùguǎn [접] ~을 막론하고,
　　~에 관계없이

超不过 chāo bu guò 초과할
　　수 없다, 능가할 수 없다

烦 fán [형] 짜증나다

既然 jìrán [접] 이미 이렇게 된 바
　　에야, 기왕 그렇게 된 이상
　　['就, 也, 还' 등과 호응하여
　　먼저 사실을 제시하고 뒤에
　　추론한 결론이 나옴]

痛痛快快地 tòngtong kuàikuai
　　de [부] 통쾌하게, 즐겁게

赶紧 gǎnjǐn [부] 서둘러, 급히

适合 shìhé [동] 잘 맞다

得 děi [조동] ~해야 한다

寄 jì [동] 부치다

零用钱 língyòngqián [명] 용돈

挂 guà [동] (전화를) 끊다

34

대학 생활 중 가장 관심 있는 분야에 관하여 이야기해 봅시다.

 더 생각해보기

▶ 인물의 대사와 동작을 어떻게 표현할 수 있을까요?

▶ 배경, 음악, 조명, 소품 등 어떤 무대 장치를 활용할 수 있을까요?

대본 해석

여학생1   중국어는 왜 이렇게 어려운 거야? 에이! 정말 힘들다.

여학생2   그러니까. 배워야 할 한자도 너무 많아. 신혜하고 효주는 벌써 6급이 있다는데 우리가 아무리 노력해도 그 둘을 따라갈 수 없을 거야. 정말 짜증 나!

남학생1   아이고, 인생은 원래 불공평한 거야! 그만 생각하고, 기왕 왔으니 통쾌하게 한 바탕 놀아보자.

(엄마에게 전화가 온다)

민정   또 전화가 왔어. (급히 조용한 곳으로 자리를 옮긴다)

엄마   딸, 뭐 하고 있니? 몸은 괜찮지? 공부 열심히 해야 한다.

민정   도서관에 있어요. 공부하는 중이에요. 중국어는 너무 어려워서 나랑 안 맞는 것 같아요.

엄마   중문과는 네가 선택한 것이니 열심히 해야지.

민정   알았어요. 용돈이나 좀 빨리 보내주세요. 끊을게요!

민정은 용돈을 받기 위해 엄마의 채소 가게로 간다.　　　　　　　　🎧 MP3 02-07

民庭	我跟妈妈说过，怎么钱还不寄来？电话也不接？

Wǒ gēn māma shuōguo, zěnme qián hái bú jìlái? Diànhuà yě bù jiē?

(在妈妈店铺的门外民庭看到了一个场景)
(zài māma diànpù de ménwài Míntíng kàndào le yí ge chǎngjǐng)

妈妈	下个月一定会还钱。这个月交了女儿的学费，

Xià ge yuè yídìng huì huán qián. Zhè ge yuè jiāo le nǚ'ér de xuéfèi,

现在没有钱，求求你了，行行好吧！
xiànzài méiyǒu qián, qiúqiu nǐ le, xíngxing hǎo ba!

债权人	那是你的事，你借了钱，就得还！

Nà shì nǐ de shì, nǐ jiè le qián, jiù děi huán!

下个月不还的话，别怪我不客气。听明白了吗？
Xià ge yuè bù huán dehuà, bié guài wǒ bú kèqi. Tīng míngbai le ma?

(债权人用脚踢开菜筐子走后，妈妈把菜捡了起来。
(zhàiquánrén yòng jiǎo tīkāi càikuāngzi zǒu hòu, māma bǎ cài jiǎn le qǐlái.)

在门外观看着不忍进去的民庭，心里下定决心流着泪
Zài ménwài guānkànzhe bùrěn jìnqù de Míntíng, xīnli xiàdìng juéxīn liúzhe lèi

回宿舍)
huí sùshè)

民庭	妈妈，真对不起，以后我会努力学习的。

Māma, zhēn duìbuqǐ, yǐhòu wǒ huì nǔlì xuéxí de.

(熄灯后，打开灯光，就变成民庭努力学习的场面)
(xīdēng hòu, dǎkāi dēngguāng, jiù biànchéng Míntíng nǔlì xuéxí de chǎngmiàn)

🎧 MP3 02-08

단어

一定 yídìng [부] 반드시, 필히, 꼭

还 huán [동] 돌려주다, 갚다

借 jiè [동] 빌리다, 빌려주다

怪 guài [동] 책망하다, 원망하다

不客气 bú kèqi
　　　　버릇없다, 무례하다

明白 míngbai [형] 분명하다, 명확
　　　　하다, 명백하다

脚 jiǎo [명] 발

踢 tī [동] 발길질하다

菜筐子 càikuāngzi
　　　　[명] 채소 바구니

捡 jiǎn [동] 줍다

不忍 bùrěn
　　　　[동] 차마 ～하지 못하다

决心 juéxīn [동] 결심하다

泪 lèi [명] 눈물

熄灯 xīdēng [동] 불을 끄다

평소 가족과의 통화 내용을 이야기해 봅시다.

 더 생각해보기

▶ 인물의 대사와 동작을 어떻게 표현할 수 있을까요?

▶ 배경, 음악, 조명, 소품 등 어떤 무대 장치를 활용할 수 있을까요?

대본 해석

민정	엄마한테 말 했는데 왜 아직 돈도 안 부치고, 전화도 안 받지?
	(엄마의 가게에 도착한 민정은 가게 문 밖에서 한 광경을 보게 된다)
엄마	다음 달에는 꼭 갚겠습니다. 이번 달에는 딸 아이 학비를 내느라, 지금은 돈이 없습니다. 제발 부탁드려요. 사정 좀 봐주세요!
채권자	그건 당신 사정이고, 돈을 빌렸으면 갚아야지! 다음 달에도 갚지 않으면 곤란할 거요. 알아 들었소?
	(채권자들이 발로 채소 바구니를 걷어차고 간 뒤 엄마는 채소를 줍는다. 문 밖에서 볼 뿐 차마 가게로 들어가지 못하는 민정. 마음속으로 다짐하며 눈물을 흘리며 기숙사로 돌아 간다)
민정	엄마, 정말 죄송해요. 앞으로는 열심히 공부 할게요.
	(조명이 꺼졌다 켜지면 민정이 열심히 공부하고 있는 장면으로 바뀐다)

민정의 학과 교수님께서 민정의 성적이 좋아지고 있다며 칭찬한다. 🎧 MP3 02-09

教授 最近我们班民庭的成绩越来越好了，
Zuìjìn wǒmen bān Míntíng de chéngjì yuèláiyuè hǎo le,

进步也很快。我们给她鼓掌。
jìnbù yě hěn kuài. Wǒmen gěi tā gǔzhǎng.

女同学1 金民庭，你最近整天学习，怎么不跟我们玩儿呢？
Jīn Míntíng, nǐ zuìjìn zhěngtiān xuéxí, zěnme bù gēn wǒmen wánr ne?

男同学1 我努力学习的话也能拿到四级吗？
Wǒ nǔlì xuéxí dehuà yě néng nádào sì jí ma?

我也要努力学习。
Wǒ yě yào nǔlì xuéxí.

男同学2 你别开玩笑了！你每次都是三天打鱼，两天晒网。
Nǐ bié kāi wánxiào le! Nǐ měi cì dōu shì sāntiān dǎyú, liǎngtiān shàiwǎng.

(老师分发成绩单,学生们确认成绩)
(lǎoshī fēnfā chéngjìdān, xuéshēngmen quèrèn chéngjì)

民庭 哇！我这次的成绩达到了四点三。全班第一名！
Wā! Wǒ zhè cì de chéngjì dádào le sì diǎn sān. Quánbān dì-yī míng!

信惠 (惊吓的表情) 什么？不是我第一？
(jīngxià de biǎoqíng) Shénme? Bú shì wǒ dì-yī?

我怎么是四点零分？
Wǒ zěnme shì sì diǎn líng fēn?

孝珠 (后悔的表情) 我这次的成绩怎么这么低呢？
(hòuhuǐ de biǎoqíng) Wǒ zhè cì de chéngjì zěnme zhème dī ne?

好后悔啊。
Hǎo hòuhuǐ a.

🎧 MP3 02-10

단어

成绩 chéngjì 몡 (일·학업상의)
성적, 성과

越来越 yuèláiyuè
틧 더욱더, 점점, 갈수록

进步 jìnbù 동 진보하다

鼓掌 gǔzhǎng 동 손뼉을 치다,
박수하다

整天 zhěngtiān
몡 (온)종일, 하루 종일

开玩笑 kāi wánxiào
동 농담하다, 웃기다

三天打鱼, 两天晒网
sāntiān dǎyú, liǎngtiān shàiwǎng
성 공부나 일을 꾸준하게 하지 못하다

分发 fēnfā 동 나누어주다

成绩单 chéngjìdān 명 성적표

惊吓 jīngxià 동 놀라다

表情 biǎoqíng 명 표정

后悔 hòuhuǐ
동 후회하다, 뉘우치다

低 dī 형 (등급이) 낮다

연출하기
Direction

계획한 일이 작심삼일로 끝난 적이 있다면 이야기해 봅시다.

_____

_____

_____

_____

더 생각해보기

▶ 인물의 대사와 동작을 어떻게 표현할 수 있을까요?

▶ 배경, 음악, 조명, 소품 등 어떤 무대 장치를 활용할 수 있을까요?

대본 해석

교수	요즘 우리 반 민정이의 성적이 갈수록 좋아지고 아주 빠르게 발전하는구나. 모두 민정이에게 박수를 쳐주자.
여학생1	김민정, 너 요즘 하루 종일 공부만 하고 왜 우리랑 놀지 않니?
남학생1	나도 열심히 하면 4급을 딸 수 있을까? 나도 노력해야겠다.
남학생2	웃기지 마! 너는 항상 작심삼일이잖아.
	(교수님 성적표를 나누어 주고 학생들은 성적표를 확인한다)
민정	와! 나 이번 성적이 4.3이네. 반 수석이야!
신혜	(충격 받은 표정) 뭐? 내가 일등이 아니라고? 난 어째서 4.0밖에 안 되지?
효주	(후회하는 표정) 이번 성적이 왜 이렇게 낮은 거지? 정말 후회된다.

민정은 엄마의 가게로 가 시험에서 일등하여 전액 장학금을 받게 된 것을 알린다.

🎧 MP3 02-11

民庭　妈妈，我这次得了第一！拿到了全额奖学金。
Māma, wǒ zhè cì dé le dì-yī! Nádào le quán'é jiǎngxuéjīn.

妈妈　哎呀，我的孩子，辛苦你了。妈妈真为你高兴。
Āiyā, wǒ de háizi, xīnkǔ nǐ le. Māma zhēn wèi nǐ gāoxìng.

债权人　喂！快还钱啊。
Wèi! Kuài huán qián a.

妈妈　你这个坏蛋，快拿钱走吧！我再也不想看到你了。
Nǐ zhè ge huàidàn, kuài ná qián zǒu ba! Wǒ zài yě bù xiǎng kàndào nǐ le.

（债权人退场后，妈妈抱着民庭用骄傲的眼神看
(zhàiquánrén tuìchǎng hòu, māma bàozhe Míntíng yòng jiāo'ào de yǎnshén kàn

民庭，熄灯)
Míntíng, xīdēng)

解说　在这个世界上没有做不到的事。
Zài zhè ge shìjiè shàng méiyǒu zuò bu dào de shì.

只是没有挑战并坚持到底的精神。
Zhǐshì méiyǒu tiǎozhàn bìng jiānchí dàodǐ de jīngshén.

虽然挑战的路上会有很多障碍，但是只要有毅力
Suīrán tiǎozhàn de lùshang huì yǒu hěn duō zhàng'ài, dànshì zhǐyào yǒu yìlì

和热情就能得到意想不到的收获。
hé rèqíng jiù néng dédào yìxiǎng bu dào de shōuhuò.

通过此剧不仅表现了我们生活中的一部分还体现
Tōngguò cǐ jù bùjǐn biǎoxiàn le wǒmen shēnghuó zhōng de yíbùfen hái tǐxiàn

了"苦尽甘来"的成语。希望我们中文系的学生以
le "kǔjìn gānlái" de chéngyǔ. Xīwàng wǒmen zhōngwén xì de xuésheng yǐ

"持之以恒"的精神努力学习，成为中国通！
"chízhī yǐhéng" de jīngshén nǔlì xuéxí, chéngwéi zhōngguótōng!

🎧 MP3 02-12

단어

全额 quán'é [명] 전액

坏蛋 huàidàn
　　　[명] 나쁜 놈, 몹쓸 놈, 악당

退场 tuìchǎng [동] 퇴장하다

抱 bào [동] 안다, 포옹하다

骄傲 jiāo'ào [형] 자랑스럽다

眼神 yǎnshén [명] 눈빛

解说 jiěshuō [명] 내레이션

挑战 tiǎozhàn [동][명] 도전(하다)

并 bìng [접] 그리고, 또

坚持 jiānchí
　　　[동] 견지하다, 지속하다

坚持到底 jiānchí dàodǐ
　　　끝까지 견지하다

障碍 zhàng'ài [명] 장애물, 방해물

毅力 yìlì [명] 굳센 의지, 완강한
　　　의지

意想不到 yìxiǎng bu dào
　　　예상치 못하다

收获 shōuhuò [명][동] 수확(하다)

此 cǐ [대명] 이, 이것

体现 tǐxiàn [동] 구현하다, 구체
　　　적으로 드러내다

苦尽甘来 kǔjìn gānlái
　　　[성] 고진감래, 고생 끝에 낙
　　　이 온다

持之以恒 chízhī yǐhéng
　　　[성] 오랫동안 견지하다

↔半途而废 bàntú érfèi
　　　[성] 중도에 그만두다

연출하기
Direction

대학 생활 중 노력하여 성취한 일에 관하여 이야기해 봅시다.

_____

_____

_____

_____

 더 생각해보기

▶ 인물의 대사와 동작을 어떻게 표현할 수 있을까요?

▶ 배경, 음악, 조명, 소품 등 어떤 무대 장치를 활용할 수 있을까요?

대본 해석

민정   엄마, 저 이번에 일등 했어요! 전액 장학금 받아요.

엄마   아이고, 우리 딸 고생했다. 엄마도 정말 기쁘구나.

채권자   어이, 아줌마! 빨리 돈 갚아야죠.

엄마   이 나쁜 놈, 어서 돈 가지고 가시오! 다시는 꼴도 보기 싫으니.

        (채권자 퇴장 후, 엄마는 민정을 안아주며 자랑스러운 모습으로 민정을 바라보고, 조명 꺼진다)

내레이션   이 세상에 이루지 못할 일은 없습니다. 다만 도전과 끝까지 하고자 하는 정신이 없을 뿐입니다. 비록 도전하는 과정에 많은 장애물이 있을지라도 끈기와 열정이 있다면 예상치 못한 성과가 있을 것입니다. 이 연극은 우리 생활의 일부분을 표현했을 뿐 아니라 '고진감래'라는 성어를 구현했습니다. 저희 중문과 학생 모두 '끝까지 성실히 임하는' 자세로 열심히 노력하여 훗날 모두 중국 전문가가 되기를 바랍니다!

문장 해설

Explanation

1 没多久

「多+형용사」의 형태를 没가 부정하는 문형으로 '얼마 되지 않았다'의 뜻을 나타낸다.

해설 예문

我学汉语没多久，要更加努力。
Wǒ xué hànyǔ méi duō jiǔ, yào gèngjiā nǔlì.
나는 중국어를 배운 지 얼마 되지 않아서 더 열심히 노력할 것이다.

我来中国没多久，还不习惯吃香菜。
Wǒ lái Zhōngguó méi duō jiǔ, hái bù xíguàn chī xiāngcài.
나는 중국에 온 지 얼마 되지 않아, 아직 고수를 먹는 것이 익숙하지 않다.

我们认识没多久，还不太了解对方。
Wǒmen rènshi méi duō jiǔ, hái bú tài liǎojiě duìfāng.
우리는 만난 지 얼마 되지 않아, 아직 서로를 잘 모른다.

2 痛痛快快地

地는 단어나 구 뒤에서 부사어를 구성하여 뒤의 동사나 형용사를 수식한다. 본문에서는 형용사 痛快의 중첩형태인 痛痛快快 뒤에 地가 위치하여 동사 玩儿을 수식하는 부사어 표현으로 사용되었다. 형용사를 중첩하면 원래의 의미보다 정도가 강조된다.

해설 예문

既然来了，就痛痛快快地玩儿一场吧。
Jìrán lái le, jiù tòngtong kuàikuai de wánr yì chǎng ba.
기왕 왔으니 통쾌하게 한 바탕 놀아보자.

今天是你的生日，我们就痛痛快快地玩一玩吧。
Jīntiān shì nǐ de shēngrì, wǒmen jiù tòngtong kuàikuai de wán yi wán ba.
오늘은 너의 생일이니 신나게 한 번 놀아보자.

爸爸痛痛快快地答应了女儿的要求。
Bàba tòngtong kuàikuai de dāying le nǔ'ér de yāoqiú.
아버지는 딸의 요구에 흔쾌히 응했다.

단어 ▶ 习惯 xíguàn 몡 버릇, 습관 동 익숙해지다, 습관이 되다 | 香菜 xiāngcài 몡 고수, 향채 | 对方 duìfāng 몡 상대방 | 答应 dāying 동 동의하다, 허락하다 | 要求 yāoqiú 몡동 요구(하다)

3 越来越

'더욱더 ~하다', '갈수록 ~하다'라는 뜻의 관용구로 시간의 흐름에 따라 정도가 변화됨을 나타
낼 때 쓰이는 표현이다. 越来越의 来는 '시간의 경과'를 나타낸다.

해설 예문 **最近我们班民庭的成绩越来越好了。**
Zuìjìn wǒmen bān Míntíng de chéngjì yuèláiyuè hǎo le.
요즘 우리 반 민정이의 성적이 갈수록 좋아지고 있다.

他的汉语水平越来越高了，真佩服他。
Tā de hànyǔ shuǐpíng yuèláiyuè gāo le, zhēn pèifú tā.
그의 중국어 실력이 갈수록 좋아져 정말 감탄할만하다.

城市里的车越来越多了，经常堵车。
Chéngshì li de chē yuèláiyuè duō le, jīngcháng dǔchē.
도시의 차들이 갈수록 많아져, 자주 막힌다.

4 三天打鱼，两天晒网

'삼일 동안 물고기를 잡으면, 이틀은 그물을 말리다'의 뜻으로 공부나 일을 꾸준하게 하지 못
함을 비유하여 사용하는 성어이다. 우리 말 '작심삼일', '~하다 말다 하다'의 뜻을 나타낸다.

해설 예문 **你每次都是三天打鱼，两天晒网。**
Nǐ měi cì dōu shì sāntiān dǎyú, liǎngtiān shàiwǎng.
너는 항상 작심삼일이잖아.

三天打鱼，两天晒网是不好的习惯。
Sāntiān dǎyú, liǎngtiān shàiwǎng shì bù hǎo de xíguàn.
작심삼일은 좋지 않은 습관이다.

弟弟做什么事总是三天打鱼，两天晒网，真拿他没办法。
Dìdi zuò shénme shì zǒngshì sāntiān dǎyú, liǎngtiān shàiwǎng, zhēn ná tā méi bànfǎ.
남동생은 무슨 일이든 작심삼일이라 정말 어쩔 도리가 없다.

단어 ▶ **佩服** pèifú [동] 탄복하다. 감탄하다 | **堵车** dǔchē [동] 차가 밀리다 | **总是** zǒngshì [부] 늘. 언제나 | **拿⋯⋯没
办法** ná ⋯⋯ méi bànfǎ ~에게 방법이 없다

▶ 한탄·짜증·방관·당황·걱정 등의 어기에 주의하여 다음 대사를 큰 소리로 읽어봅시다. 🎧 MP3 02-13

① 女同学1　汉语怎么这么难学？唉！太辛苦了。☐☐☐
　　　　　Hànyǔ zěnme zhème nán xué? Ài! Tài xīnkǔ le.

② 女同学2　就是啊，要学的汉字也多。听说信惠和孝珠已经☐☐☐
　　　　　Jiùshì a, yào xué de hànzì yě duō. Tīngshuō Xìnhuì hé Xiàozhū yǐjīng

　　　　　有六级，不管我们怎么努力，都超不过她们。
　　　　　yǒu liù jí, bùguǎn wǒmen zěnme nǔlì, dōu chāo bu guò tāmen.

　　　　　真烦！
　　　　　Zhēn fán!

③ 男同学1　哎呀，人生就是不平等的！☐☐☐
　　　　　Āiyā, rénshēng jiù shì bù píngděng de!

　　　　　别想了，既然来了，就痛痛快快地玩儿一场吧。
　　　　　Bié xiǎng le, jìrán lái le, jiù tòngtong kuàikuai de wánr yì chǎng ba.

④ 民庭　　又来电话了。☐☐☐
　　　　　Yòu lái diànhuà le.

⑤ 妈妈　　女儿，干嘛呢？身体还好吧？你要好好学习啊。☐☐☐
　　　　　Nǚ'ér, gàn má ne? Shēntǐ hái hǎo ba? Nǐ yào hǎohao xuéxí a.

⑥ 民庭　　我在图书馆，正在学习呢。☐☐☐
　　　　　Wǒ zài túshūguǎn, zhèngzài xuéxí ne.

　　　　　我觉得汉语太难学，好像不适合我。
　　　　　Wǒ juéde hànyǔ tài nán xué, hǎoxiàng bú shìhé wǒ.

시나리오 쓰기
Writing

▶ 대학 생활을 주제로 한 시나리오를 중국어로 작성해 봅시다.

등장인물

줄거리

인물	대사

인물	대사

김 이병

줄거리

아직 군대 생활이 낯설기만 한 군대 초년병 김 이병.
전역을 얼마 안 남긴 짓궂은 오 병장은 단조로운 군 생
활에서 신병들을 놀리는 재미로 하루하루를 보낸다.
마침내 손꼽아 기다려온 100일 휴가! 집에 도착한 김
이병은 가족의 고마움과 소중함을 새삼 깨달으며 더 이
상 어린아이가 아닌 어른으로 철들어 간다. 군대 복귀
후 또 다시 힘겨운 군 생활을 하며 국방의 의무를 수행
하고 있는 김 이병에게 박 상병의 따뜻한 격려와 이해
는 큰 힘이 되어 준다.

Scene 1

Drama

누나가 김 이병에게 보내는 편지를 읽는다.

MP3 03-01

(军歌响起，拉开帷幕。舞台上的金二等兵看着
(jūngē xiǎngqǐ, lākāi wéimù. Wǔtái shàng de Jīn èrděng bīng kànzhe

姐姐寄来的信，姐姐开始旁白)
jiějie jìlái de xìn, jiějie kāishǐ pángbái)

姐姐解说 小弟，部队生活怎么样？我们大家都过得很好。
Xiǎodì, bùduì shēnghuó zěnmeyàng? Wǒmen dàjiā dōu guò de hěn hǎo.

妈妈收到部队寄来的包裹，很伤心，不过现在
Māma shōudào bùduì jìlái de bāoguǒ, hěn shāngxīn, búguò xiànzài

好多了。
hǎo duō le.

MP3 03-02

(妈妈在舞台左边伤心地看着箱子，说到"现在好
(māma zài wǔtái zuǒbian shāngxīn de kànzhe xiāngzi, shuōdao "xiànzài hǎo

多了"就笑起来)
duō le" jiù xiào qǐlái)

爸爸每次在你的房前发楞，发现你已经不在家了，
Bàba měi cì zài nǐ de fáng qián fālèng, fāxiàn nǐ yǐjīng bú zài jiā le,

很伤心，爸爸拿了你用过的被子，他还说"比
hěn shāngxīn, bàba ná le nǐ yòngguo de bèizi, tā hái shuō "Bǐ

我的被子好！"。不管怎么样，希望你能平安归来。
wǒ de bèizi hǎo!". Bùguǎn zěnmeyàng, xīwàng nǐ néng píng'ān guīlái.

下次再给你写信，再见！
Xià cì zài gěi nǐ xiě xìn, zàijiàn!

又及：借你的衣服穿穿。
Yòu jí: Jiè nǐ de yīfu chuānchuan.

(舞台上的姐姐穿着连帽T恤高兴的样子，
(wǔtái shàng de jiějie chuānzhe liánmào T-xù gāoxìng de yàngzi,

军歌声音渐小，灯光变暗)
jūngē shēngyīn jiàn xiǎo, dēngguāng biàn àn)

단어

军歌 jūngē 몡 군가

响 xiǎng 동 소리가 울리다

旁白 pángbái 몡 내레이션

部队 bùduì 몡 부대

包裹 bāoguǒ 몡 소포, 보따리

伤心 shāngxīn 동 상심하다.
슬퍼하다. 마음 아파하다

发楞 fālèng
동 멍해지다. 얼이 빠지다

被子 bèizi 몡 이불

平安 píng'ān
혱 평안하다. 무사하다

归来 guīlái 동 돌아오다, 본래
의 자리로 돌아오다

又及 yòují 동 추신하다. 덧붙
이다

连帽T恤 liánmào T-xù
몡 후드티

渐 jiàn 부 점점

연출하기
Direction

군대에 간 가족이나 친구를 설정하여 편지를 써 봅시다.

 더 생각해보기

▶ 인물의 대사와 동작을 어떻게 표현할 수 있을까요?

▶ 배경, 음악, 조명, 소품 등 어떤 무대 장치를 활용할 수 있을까요?

대본 해석

(군가가 울리며 극이 시작. 무대 위 김 이병이 누나에게서 온 편지를 보고 있고 누나의 내레이션 시작)

누나 내레이션　동생아, 부대 생활은 어떠니? 우리는 잘 지내고 있어.

엄마는 부대에서 부쳐 온 소포를 받고 슬퍼하셨지만 지금은 많이 괜찮아지셨어.

(엄마가 무대 왼쪽에서 상자를 보며 슬퍼하다가 '괜찮아지셨어'라는 말이 나오면 빙그레 웃음)

아빠는 매번 네 방 앞에서 멍하니 계시다 이내 네가 집에 없단 걸 깨달으시고는 상심에 잠기곤 하셔. 한번은 네가 쓰던 이불을 가지고 오시더니 "내 이불보다 훨씬 좋구나"라고 말씀하셨어. 어찌됐건 우리는 네가 무사히 돌아오길 바랄게. 다음에 또 편지할게. 안녕!

추신: 네 옷 좀 빌려 입는다.

(무대에서 누나가 후드 티셔츠를 입고 좋아하는 모습, 군가 소리 줄어들며 조명 꺼짐)

Scene 2
Drama

심심한 오 병장은 김 이병을 괴롭힐 궁리를 한다.

🎧 MP3 03-03

吴兵长　看电视也没意思，去逗逗新兵。
Kàn diànshì yě méi yìsi, qù dòudou xīn bīng.

（正好路过的二等兵）喂！
(zhènghǎo lùguò de èrděng bīng) Wèi!

金二等兵　二等兵金民秀。
Èrděng bīng Jīn Mínxiù.

吴兵长　要不要跟我去PX？
Yào bu yào gēn wǒ qù PX?

金二等兵　是，知道了。
Shì, zhīdào le.

（到军营小卖部）
(dào jūnyíng xiǎomàibù)

吴兵长　我们可爱的新兵，你想吃什么？
Wǒmen kě'ài de xīn bīng, nǐ xiǎng chī shénme?

（军营小卖部只有一盒巧克力派和1.5升汽水）
(jūnyíng xiǎomàibù zhǐyǒu yì hé qiǎokèlìpài hé yì diǎn wǔ shēng qìshuǐ)

金二等兵　吃巧克力派，喝汽水。
Chī qiǎokèlìpài, hē qìshuǐ.

吴兵长　（讨厌地笑着）好像预先知道我要来，只剩了这些。
(tǎoyàn de xiàozhe) Hǎoxiàng yùxiān zhīdào wǒ yào lái, zhǐ shèng le zhèxiē.

好，好，吃吧！把它吃光。哈哈哈！
Hǎo, hǎo, chī ba! Bǎ tā chīguāng. Hāhāhā!

（金二等兵在舞台角落一个人吃完巧克力派和汽水）
(Jīn èrděng bīng zài wǔtái jiǎoluò yí ge rén chīwán qiǎokèlìpài hé qìshuǐ)

🎧 MP3 03-04

단어

逗 dòu 〔동〕놀리다, 집적거리다

路过 lùguò 〔동〕지나다

军营小卖部 jūnyíng xiǎomàibù 〔명〕PX, 병영매점

巧克力派 qiǎokèlìpài 초코파이

升 shēng 〔양〕리터(L)

讨厌 tǎoyàn 〔형〕밉살스럽다

预先 yùxiān 〔부〕사전에, 미리

只 zhǐ 〔부〕단지, 다만, 오직

剩 shèng 〔동〕남다

角落 jiǎoluò 〔명〕구석

연출하기
Direction

학교나 군대에서 윗사람과 의견이 일치하지 않았던 경험을 이야기해 봅시다.

_____

_____

_____

_____

 더 생각해보기

▶ 인물의 대사와 동작을 어떻게 표현할 수 있을까요?

▶ 배경, 음악, 조명, 소품 등 어떤 무대 장치를 활용할 수 있을까요?

대본 해석

오 병장	TV도 재미없고, 신병들이나 놀려야겠다. (마침 지나가는 이등병) 어이!
김 이병	이병 김민수.
오 병장	나랑 PX 가지 않을래?
김 이병	네, 알겠습니다.
	(PX 도착)
오 병장	우리 귀여운 신병님은 무엇이 먹고 싶으신가?
	(PX에는 초코파이 한 상자와 사이다 1.5리터밖에 없다)
김 이병	초코파이와 사이다가 먹고 싶습니다.
오 병장	(얄밉게 웃으며) 내가 올 것을 미리 알았는지 이것밖에 안 남았네.
	자, 자, 먹어! 다 먹어 치우라고. 하하하!
	(김 이병 무대 구석에서 초코파이와 사이다 1.5리터를 혼자 다 먹는다)

100일 휴가를 받아 집에 온 김 이병이 부모님께 인사한다.

🎧 MP3 03-05

金二等兵	**报告！二等兵金民秀！** Bàogào! Èrděng bīng Jīn Mínxiù! **参军一百天，休一个星期的慰劳假。忠诚！** Cānjūn yìbǎi tiān, xiū yí ge xīngqī de wèiláojià. Zhōngchéng!
爸爸	(抱着儿子并抓住儿子的肩膀) **哇，真了不起，** (bàozhe érzi bìng zhuāzhu érzi de jiānbǎng) Wā, zhēn liǎobuqǐ, **太帅了！我的儿子，累不累？** tài shuài le! Wǒ de érzi, lèi bu lèi?
妈妈	**儿子！饿了吧？我做好了你最爱吃的酱汤。** Érzi! È le ba? Wǒ zuòhǎo le nǐ zuì ài chī de jiàngtāng. **来！妈妈马上给你准备。** Lái! Māma mǎshàng gěi nǐ zhǔnbèi. (妈妈走向厨房，响起充满活力的音乐) (māma zǒuxiàng chúfáng, xiǎngqǐ chōngmǎn huólì de yīnyuè)
姐姐解说	**我家小弟变了很多。你看，那短短的头发，很配他。** Wǒ jiā xiǎodì biàn le hěn duō. Nǐ kàn, nà duǎnduan de tóufa, hěn pèi tā. (坐在沙发上，金二等兵搞头型) (zuò zài shāfā shàng, Jīn èrděng bīng gǎo tóuxíng) **衣服和被子总是叠得整整齐齐，还知道心疼父母了。** Yīfu hé bèizi zǒngshì dié de zhěngzheng qíqi, hái zhīdào xīnténg fùmǔ le. **不知不觉地小弟的休假结束了，要归队了。** Bùzhī bùjué de xiǎodì de xiūjià jiéshù le, yào guīduì le.

🎧 MP3 03-06

단어

报告 bàogào 동 보고하다

参军 cānjūn
　동 군대에 가다, 입대하다

慰劳 wèiláo
　동 위문하다, 위로하다

假 jià 명 휴가, 휴일, 방학

肩膀 jiānbǎng 명 어깨

了不起 liǎobuqǐ 형 굉장하다,
　뛰어나다, 대단하다

酱汤 jiàngtāng 명 된장국

厨房 chúfáng 명 부엌, 주방

配 pèi 동 (~에) 어울리다

沙发 shāfā 명 소파

搞 gǎo 동 하다[목적어와 결합
　하여 그 동작이나 행위를 나타냄]

叠 dié 동 포개다, 층층이 쌓다

整整齐齐 zhěngzheng qíqi
　형 단정하다, 가지런하다

心疼 xīnténg 동 몹시 아끼다

不知不觉 bùzhī bùjué
　성 자기도 모르는 사이에, 부
　자불식간에

归队 guīduì 동 복귀하다, 부대
　로 돌아가다

54

연출하기
Direction

자신이 휴가 나온 군인이라고 가정하여 하루 일과를 이야기해 봅시다.

 더 생각해보기

▶ 인물의 대사와 동작을 어떻게 표현할 수 있을까요?

▶ 배경, 음악, 조명, 소품 등 어떤 무대 장치를 활용할 수 있을까요?

대본 해석

김 이병	보고합니다! 이병 김민수! 입대 100일차 일주일의 위로휴가를 명받아 이에 신고합니다. 충성!
아빠	(아들을 안고 어깨를 잡으며) 와, 정말 대견하다, 너무 멋진데! 우리 아들, 피곤하지?
엄마	아들! 배고프지? 엄마가 네가 제일 좋아하는 된장국을 끓여놨어. 자! 얼른 차려줄게. (엄마 주방으로 향하고 활기찬 음악이 흘러나온다)
누나 내레이션	우리 집 막내가 많이 변했어요. 저 짧은 머리 좀 보세요. 참 잘 어울리죠. (김 이병이 소파에 앉아 머리를 만진다) 옷과 이불을 항상 가지런히 개고, 부모님을 생각할 줄도 알게 되었어요. 어느덧 동생의 휴가가 끝나고 복귀할 때가 되었네요.

크리스마스 이브에 오 병장은 김 이병에게 캐럴을 부르게 한다.　🎧 MP3 03-07

（刮北风的声音，灯亮）
(guā běifēng de shēngyīn, dēng liàng)

吴兵长　好冷啊，还下雪呢？圣诞节前一天，
Hǎo lěng a, hái xià xuě ne? Shèngdànjié qián yì tiān,

我这是干什么呢？唉！我还是去逗逗新兵吧。
wǒ zhè shì gàn shénme ne? Ài! Wǒ háishi qù dòudou xīn bīng ba.

（正好路过的金二等兵）
(zhènghǎo lùguò de Jīn èrděng bīng)

吴兵长　喂！你这个对部队生活一无所知的二等兵。
Wèi! Nǐ zhè ge duì bùduì shēnghuó yìwú suǒzhī de èrděng bīng.

金二等兵　二等兵金民秀。
Èrděng bīng Jīn Mínxiù.

吴兵长　你知道今天是什么日子吗？
Nǐ zhīdào jīntiān shì shénme rìzi ma?

给我唱首最近流行的圣诞歌。
Gěi wǒ chàng shǒu zuìjìn liúxíng de shèngdàngē.

金二等兵　是，知道了。
Shì, zhīdào le.

We wish you a merry Christmas, we wish you a
merry Christmas……

吴兵长　你这小子，疯了吗？
Nǐ zhè xiǎozi, fēng le ma?

我是叫你唱圣诞歌的，谁让你唱流行歌曲？
Wǒ shì jiào nǐ chàng shèngdàngē de, shéi ràng nǐ chàng liúxíng gēqǔ?

🎧 MP3 03-08

단어

刮 guā 〔동〕(바람이) 불다

圣诞节 Shèngdànjié
〔고유〕성탄절, 크리스마스

一无所知 yìwú suǒzhī
〔성〕아는 게 아무것도 없다

流行 liúxíng
〔형〕유행하는 〔동〕유행하다

小子 xiǎozi
〔명〕(이) 녀석, (이) 자식

疯 fēng
〔형〕미치다, 제정신이 아니다

叫 jiào 〔동〕～하게 하다, ～하도
록 시키다 (=让 ràng)

流行歌曲 liúxíng gēqǔ
〔명〕유행가

연출하기
Direction

다가올 명절이나 크리스마스의 계획을 이야기해 봅시다.

🎬 더 생각해보기

▶ 인물의 대사와 동작을 어떻게 표현할 수 있을까요?

▶ 배경, 음악, 조명, 소품 등 어떤 무대 장치를 활용할 수 있을까요?

대본 해석

(겨울바람 소리 나며 조명 환해진다)

오 병장 정말 춥다. 눈까지 내리잖아? 크리스마스 이브에 내가 이게 뭐하는 거야? 에이, 신병이나 놀리러 가야겠다.

(마침 지나가는 김 이병)

오 병장 어이! 거기 군대 생활에 대해 하나도 모르는 이병.

김 이병 이병 김민수.

오 병장 오늘이 무슨 날인지 아나? 요즘 유행하는 크리스마스 캐럴 한 곡 불러 봐.

김 이병 네, 알겠습니다. We wish you a merry Christmas, we wish you a merry Christmas……

오 병장 이 자식, 미쳤어? 크리스마스 노래 하라고 했지 누가 유행가 부르라고 했나?

오 병장의 짓궂은 장난에 힘들어하는 김 이병을 박 상병이 위로한다.

🎧 MP3 03-09

朴上兵 天上的星星真多啊！部队生活累不累？
Tiān shàng de xīngxing zhēn duō a! Bùduì shēnghuó lèi bu lèi?

金二等兵 不累。
Bú lèi.

朴上兵 吴兵长，平时刁难你，
Wú bīngzhǎng, píngshí diāonàn nǐ,

我知道你的部队生活很累，我很理解。
wǒ zhīdào nǐ de bùduì shēnghuó hěn lèi, wǒ hěn lǐjiě.

你现在想家，想朋友，想吃妈妈亲手给你做的
Nǐ xiànzài xiǎng jiā, xiǎng péngyou, xiǎng chī māma qīnshǒu gěi nǐ zuò de

酱汤，是不可能的。反正你现在在部队，
jiàngtāng, shì bù kěnéng de. Fǎnzhèng nǐ xiànzài zài bùduì,

就当这儿是家，再累也得忍，也得熬。
jiù dàng zhèr shì jiā, zài lèi yě děi rěn, yě děi áo.

金二等兵 是，知道了。（低着头）
Shì, zhīdào le.　　（dīzhe tóu）

（靠近金二等兵并拍着肩膀）
(kàojìn Jīn èrděng bīng bìng pāizhe jiānbǎng)

朴上兵 等你退役的时候，会比现在变得更成熟。
Děng nǐ tuìyì de shíhou, huì bǐ xiànzài biàn de gèng chéngshú.

以后你有什么事儿，尽管来找我。
Yǐhòu nǐ yǒu shénme shìr, jǐnguǎn lái zhǎo wǒ.

那我睡一会儿。加油，金二等兵！
Nà wǒ shuì yìhuǐr. Jiāyóu, Jīn èrděng bīng!

（朴上兵回到原位，背过身）
(Piáo shàngbīng huídào yuánwèi, bèiguò shēn)

🎧 MP3 03-10

단어

星星 xīngxing 몡 별

刁难 diāonàn 동 (고의로 남을)
괴롭히다, 못살게 굴다

理解 lǐjiě 동 알다, 이해하다

亲手 qīnshǒu
ᄇ 직접, 손수, 친히

反正 fǎnzhèng ᄇ 좌우(지)간,
하여간, 아무튼, 어쨌든

当 dàng 동 ~라고 여기다

忍 rěn 동 참다, 견디다

熬 áo 동 (통증·생활고 등을)
참다, 인내하다, 견디다

低头 dī tóu 동 고개를 숙이다

靠近 kàojìn 동 가까이 가다

拍 pāi 동 치다

退役 tuìyì
동 퇴역하다, 제대하다

成熟 chéngshú 혱 성숙하다

尽管 jǐnguǎn
ᄇ 얼마든지, 마음대로

加油 jiāyóu 동 힘을 내다

58

연출하기
Direction

학교나 군대에서 어려움을 극복한 일에 관하여 이야기해 봅시다.

_____

_____

_____

_____

 더 생각해보기

▶ 인물의 대사와 동작을 어떻게 표현할 수 있을까요?

▶ 배경, 음악, 조명, 소품 등 어떤 무대 장치를 활용할 수 있을까요?

대본 해석

박 상병   하늘에 별이 참 많다! 부대 생활이 많이 힘들지?

김 이병   아닙니다.

박 상병   오 병장님이 평소에 괴롭혀서 네 부대 생활이 힘들다는 걸 알고 있어. 네 마음도 이해해.
          너는 지금 집 생각이 나고, 친구가 보고 싶고, 어머니가 손수 만들어 주신 된장국이 먹고
          싶겠지만, 그건 불가능한 일이야. 어쨌든 지금은 부대에 있으니, 이곳을 집처럼 생각하고
          힘들어도 참고 견뎌야 해.

김 이병   네, 알겠습니다. (고개를 떨군다)
          (김 이병에게 다가와 어깨를 토닥인다)

박 상병   네가 제대할 때 쯤엔 지금보다 훨씬 성숙할 거야. 앞으로 무슨 일이 있을 때 얼마든지 날
          찾아와. 그럼 난 좀 잘게. 힘내, 김 이병!
          (박 상병 다시 원래 자리로 돌아가 돌아눕는다)

박 상병의 위로에 김 이병은 마음을 굳게 먹는다.   🎧 MP3 03-11

(照明灯照着金二等兵，响起《二等兵的信》)
(zhàomíngdēng zhàozhe Jīn èrděng bīng, xiǎngqǐ《èrděng bīng de xìn》)

金二等兵   以后，我做任何事都要全力以赴。
Yǐhòu, wǒ zuò rènhé shì dōu yào quánlì yǐfù.

为了我的未来，我要努力。
Wèi le wǒ de wèilái, wǒ yào nǔlì.

想念的爸爸、妈妈、姐姐，我真心地爱你们！
Xiǎngniàn de bàba、māma、jiějie, wǒ zhēnxīn de ài nǐmen!

别忘了，下次休假的时候要给我介绍女朋友哦！
Bié wàng le, xià cì xiūjià de shíhou yào gěi wǒ jièshào nǚpéngyou ò!

🎧 MP3 03-12

단어

全力以赴 quánlì yǐfù
(성) (어떤 일에) 전력투구하
다, 최선을 다하다

 **연출하기**
Direction

자신의 미래를 위한 각오나 다짐을 이야기해 봅시다.

_____

_____

_____

_____

_____

 더 생각해보기

▸ 인물의 대사와 동작을 어떻게 표현할 수 있을까요?

▸ 배경, 음악, 조명, 소품 등 어떤 무대 장치를 활용할 수 있을까요?

대본 해석

　　　　(김 이병에게 스포트라이트. 〈이등병의 편지〉가 흘러나온다)

김 이병　앞으로 무슨 일을 하든 전력투구해야겠다. 나의 미래를 위해 노력해야지.

　　　　보고 싶은 아빠, 엄마, 누나, 진심으로 사랑합니다! 다음 번 휴가 때 여자 친구 소개해 주는 것

　　　　잊지 마세요!

1 　不知不觉

'자기도 모르는 사이에', '부지불식간에'의 뜻을 가진 성어로서 '자신도 느끼지 못하는 사이', '어느덧, 어느새'로 해석할 수 있다.

해설 예문　**不知不觉地小弟的休假结束了，要归队了。**
Bùzhī bùjué de xiǎodì de xiūjià jiéshù le, yào guīduì le.
어느덧 동생의 휴가가 끝나고 복귀할 때가 되었다.

听着音乐我就不知不觉地睡着了。
Tīngzhe yīnyuè wǒ jiù bùzhī bùjué de shuìzháo le.
음악을 듣다 보니 어느덧 잠이 들었다.

他想起部队生活不知不觉地眼泪就流下来了。
Tā xiǎngqǐ bùduì shēnghuó bùzhī bùjué de yǎnlèi jiù liú xiàlai le.
그는 군대 생활을 떠올리다 자기도 모르게 눈물이 흘렀다.

2 　一无所知

'아는 게 아무것도 없다', '아무것도 모른다'는 뜻의 성어이다. 한자의 훈과 음인 '한 일(一), 없을 무(無), 바 소(所), 알 지(知)'를 통해 '하나도 아는 바가 없다'라는 뜻 풀이가 가능한 문언적인 표현이다. 현대 중국어로는 "一点儿也不知道"로 표현할 수 있으며 '전혀 모르다', '깜깜부지'로 해석할 수 있다.

해설 예문　**你这个对部队生活一无所知的二等兵。**
Nǐ zhè ge duì bùduì shēnghuó yìwú suǒzhī de èrděng bīng.
군대 생활에 대해 하나도 모르는 이병아.

我对西班牙语一无所知。
Wǒ duì xībānyáyǔ yìwú suǒzhī.
나는 스페인어에 대해 하나도 모른다.

我对中国演艺界一无所知。
Wǒ duì Zhōngguó yǎnyìjiè yìwú suǒzhī.
나는 중국 연예계에 대해 하나도 모른다.

단어 ▶ 眼泪 yǎnlèi 몡 눈물 | 西班牙语 xībānyáyǔ 몡 스페인어 | 演艺界 yǎnyìjiè 몡 연예계

3 反正

反正은 단호하게 긍정하는 어기를 나타내며 '좌우(지)간', '하여간', '아무튼', '어쨌든'으로 해석할 수 있다. 어떤 상황에서도 결과가 같음을 나타낸다.

해설 예문
反正你现在在部队，就当这儿是家。
Fǎnzhèng nǐ xiànzài zài bùduì, jiù dàng zhèr shì jiā.
어쨌든 지금은 부대에 있으니, 이곳을 집처럼 생각해.

反正不是你的，你再贪心也没用。
Fǎnzhèng bú shì nǐ de, nǐ zài tānxīn yě méi yòng.
어쨌든 너의 것이 아니니 욕심을 내도 소용이 없어.

反正来当兵了，就"既来之，则安之"吧。
Fǎnzhèng lái dāng bīng le, jiù "jì lái zhī, zé ān zhī" ba.
어쨌든 군대에 왔으니 기왕 온 거 마음 편히 가져.

4 尽管

尽管은 조건의 한계 없이 마음대로 할 수 있음을 나타내는 부사로서 '얼마든지', '마음대로', '주저하지 않고'의 뜻으로 사용할 수 있다. 또한 복문의 앞 절에 쓰여서 양보 관계를 나타내는 접속사로 '비록(설령) ~라 하더라도', '~에도 불구하고'라는 의미로도 사용할 수 있다.

해설 예문
以后你有什么事儿，尽管来找我。
Yǐhòu nǐ yǒu shénme shìr, jǐnguǎn lái zhǎo wǒ.
앞으로 무슨 일이 있을 때 얼마든지 날 찾아와.

你心里有什么话，尽管说吧。
Nǐ xīnli yǒu shénme huà, jǐnguǎn shuō ba.
속으로 할 말이 있으면 얼마든지 말 해.

今天我请客，你们尽管吃吧。
Jīntiān wǒ qǐng kè, nǐmen jǐnguǎn chī ba.
오늘은 내가 살 테니 너희는 얼마든지 먹어.

단어 ▶ **贪心 tānxīn** 형 탐욕스럽다 명 탐심, 탐욕 | **当兵 dāng bīng** 통 군대에 가다, 군인이 되다 | **既来之，则安之 jì lái zhī, zé ān zhī** 성 엎어진 김에 쉬어 간다

▶ 반가움·대견함·안쓰러움 등의 어기에 주의하여 다음 대사를 큰 소리로 읽어봅시다. 🎧 MP3 03-13

❶ 金二等兵 报告！二等兵金民秀！参军一百天，休一个星期 ⬜⬜⬜
Bàogào! Èrděng bīng Jīn Mínxiù! Cānjūn yìbǎi tiān, xiū yí ge xīngqī

的慰劳假。忠诚！
de wèiláojià. Zhōngchéng!

❷ 爸爸 哇，真了不起，太帅了！我的儿子，累不累？ ⬜⬜⬜
Wā, zhēn liǎobuqǐ, tài shuài le! Wǒ de érzi, lèi bu lèi?

❸ 妈妈 儿子！饿了吧？我做好了你最爱吃的酱汤。 ⬜⬜⬜
Érzi! È le ba? Wǒ zuòhǎo le nǐ zuì ài chī de jiàngtāng.

来！妈妈马上给你准备。
Lái! Māma mǎshàng gěi nǐ zhǔnbèi.

❹ 姐姐解说 我家小弟变了很多。你看，那短短的头发，很 ⬜⬜⬜
Wǒ jiā xiǎodì biàn le hěn duō. Nǐ kàn, nà duǎnduan de tóufa, hěn

配他。衣服和被子总是叠得整整齐齐，还知道
pèi tā. Yīfu hé bèizi zǒngshì dié de zhěngzheng qíqi, hái zhīdào

心疼父母了。不知不觉地小弟的休假结束了，
xīnténg fùmǔ le. Bùzhī bùjué de xiǎodì de xiūjià jiéshù le,

要归队了。
yào guīduì le.

시나리오 쓰기
Writing

▶ 군 생활을 주제로 한 시나리오를 중국어로 작성해 봅시다.

등장인물

줄거리

인물

대사

시나리오 쓰기
Writing

인물	대사

제4편
우리 결혼했어요!

줄거리

어딜 가든 뭇 여성들의 주목을 받는 멋진 남자 김수현. 훈련 받느라 연애 한 번 못해 본 국가 대표 승마 선수이자 모태 솔로 전지현. 그들은 솔로들만 참가할 수 있는 해남도 여행 프로그램에서 우연히 만나 호감을 갖게 된다. 하지만 함께 프로그램에 참가한 예빈의 방해 공작도 만만치 않다. 그럼에도 불구하고 서로를 향한 마음은 여행 프로그램 이후에도 이어져 마침내 수현은 지현에게 청혼을 하게 되는데…….

Scene 1

Drama

솔로들만 참가할 수 있는 해남도 여행 프로그램에서 참가자들이 자기소개를 한다.

🎧 MP3 04-01

导游 大家好！欢迎大家来到海南，我是金导游。
Dàjiā hǎo! Huānyíng dàjiā láidào Hǎinán, wǒ shì Jīn dǎoyóu.

首先我们来自我介绍一下吧！
Shǒuxiān wǒmen lái zìwǒ jièshào yíxià ba!

智贤 各位好，我叫全智贤，三十一岁，我是国家马术队
Gè wèi hǎo, wǒ jiào Quán Zhìxián, sānshíyī suì, wǒ shì guójiā mǎshù duì

代表选手。
dàibiǎo xuǎnshǒu.

秀贤 大家好，我叫金秀贤，三十四岁，是麦克电子的老板。
Dàjiā hǎo, wǒ jiào Jīn Xiùxián, sānshísì suì, shì Màikè diànzǐ de lǎobǎn.

恩善 我叫朴恩善，三十一岁，现在的职业是依恋的经理。
Wǒ jiào Piáo Ēnshàn, sānshíyī suì, xiànzài de zhíyè shì Yīliàn de jīngli.

知雄 我是韩知雄，三十四岁，在长城旅行社当经理。
Wǒ shì Hán Zhīxióng, sānshísì suì, zài Chángchéng lǚxíngshè dāng jīngli.

成民 你们好，我叫洪成民，三十四岁，我是耐克体育的老板。
Nímen hǎo, wǒ jiào Hóng Chéngmín, sānshísì suì, wǒ shì Nàikè tǐyù de lǎobǎn.

艺彬 各位好，我三十一岁，叫李艺彬，我是未来财团的主任。
Gè wèi hǎo, wǒ sānshíyī suì, jiào Lǐ Yìbīn, wǒ shì Wèilái cáituán de zhǔrèn.

导游 哇，每个人都很棒！我们的观光主题是"姻缘"。
Wā, měi ge rén dōu hěn bàng! Wǒmen de guānguāng zhǔtí shì "yīnyuán".

我们去风景美丽的亚龙弯海边，夜市观光，坐快艇
Wǒmen qù fēngjǐng měilì de Yàlóngwān hǎibiān, yèshì guānguāng, zuò kuàitǐng

等等。最后祝大家喜结良缘！
děngdeng. Zuìhòu zhù dàjiā xǐjié liángyuán!

🎧 MP3 04-02

단어

| 海南 | Hǎinán | 고유 | 해남도[중국의 남쪽에 있는 섬] |

首先 shǒuxiān [부] 맨 먼저, 우선

马术 mǎshù [명] 승마(술)

职业 zhíyè [명] 직업

依恋 Yīliàn [고유] 이랜드

耐克 Nàikè [고유] 나이키(Nike)

体育 tǐyù [명] 체육

财团 cáituán [명] 재단, 그룹

主题 zhǔtí [명] 주제

姻缘 yīnyuán [명] (부부, 혼인)의 인연, 연분

亚龙弯 Yàlóngwān [고유] 야롱만[해남도에 있는 해변]

夜市 yèshì [명] 야시장

快艇 kuàitǐng [명] 모터보트(motorboat)

喜结良缘 xǐjié liángyuán [성] 기쁜 마음으로 좋은 인연을 맺다

70

연출하기
Direction

자기 자신 혹은 주위의 친구를 다른 사람에게 소개해 봅시다.

 더 생각해보기

▶ 인물의 대사와 동작을 어떻게 표현할 수 있을까요?

▶ 배경, 음악, 조명, 소품 등 어떤 무대 장치를 활용할 수 있을까요?

대본 해석

가이드	여러분 안녕하세요! 해남도에 오신 것을 환영합니다. 저는 김 가이드입니다. 먼저 각자 자기소개를 하겠습니다!
지현	여러분 안녕하세요, 제 이름은 전지현이라고 하며, 서른 한 살입니다. 승마단 국가 대표 선수입니다.
수현	여러분, 안녕하세요. 김수현이고 서른 네 살입니다. 저는 마이크 전자의 사장입니다.
은선	저는 박은선이라고 하며, 서른 한 살이고, 현재 직업은 이랜드의 매니저입니다.
지웅	한지웅이라고 합니다. 서른 네 살이고, 장성여행사 실장입니다.
성민	여러분, 안녕하십니까. 홍성민이라고 합니다. 서른 네 살이고, 나이키스포츠 사장입니다.
예빈	여러분, 안녕하세요. 저는 서른 한 살이고, 이예빈이라고 합니다. 미래재단 주임입니다.
가이드	와, 모두들 정말 훌륭합니다! 이번 여행 주제는 '인연'입니다. 앞으로 우리들은 경치가 아름다운 야롱만 해변도 가고 야시장 관광, 모터보트 탑승 등을 할 것입니다. 마지막으로 모두들 좋은 인연 맺으시길 바랍니다!

야룽만 해변에 도착한 참가자들이 서로 친해지기위해 닭싸움 게임을 한다.　MP3 04-03

导游　这儿就是海南岛最美丽的亚龙湾海边。
　　　Zhèr jiù shì Hǎinán dǎo zuì měilì de Yàlóngwān hǎibiān.

　　　为了缓解尴尬的气氛和增进了解，我们进行斗鸡
　　　Wèile huǎnjiě gāngà de qìfen hé zēngjìn liǎojiě, wǒmen jìnxíng dòujī

　　　游戏好不好？一等奖是夜市的约会券。
　　　yóuxì hǎo bu hǎo? Yì děng jiǎng shì yèshì de yuēhuìquàn.

　　　先生们，准备好了吗？
　　　Xiānshengmen, zhǔnbèi hǎo le ma?

　　　(男人们做着热身，准备斗鸡游戏)
　　　(nánrénmen zuòzhe rèshēn, zhǔnbèi dòujī yóuxì)

男人们　准备好了！
　　　Zhǔnbèi hǎo le!

导游　预备，开始！
　　　Yùbèi, Kāishǐ!

　　　(大家起劲儿地玩儿着斗鸡游戏，结果秀贤获胜)
　　　(dàjiā qǐjìnr de wánrzhe dòujī yóuxì, jiéguǒ Xiùxián huòshèng)

秀贤　哇！我赢了！
　　　Wā! Wǒ yíng le!

导游　恭喜恭喜！给你。(递给金秀贤约会券)
　　　Gōngxǐ gōngxǐ! Gěi nǐ. (dì gěi Jīn Xiùxián yuēhuìquàn)

秀贤　谢谢你。智贤，我们一起去夜市好不好？
　　　Xièxie nǐ. Zhìxián, wǒmen yìqǐ qù yèshì hǎo bu hǎo?

智贤　(害羞地) 好的！
　　　(hàixiū de) Hǎo de!

艺彬　秀贤是我理想中的男人。他是我的！
　　　Xiùxián shì wǒ lǐxiǎng zhōng de nánrén. Tā shì wǒ de!

MP3 04-04

단어

缓解 huǎnjiě 〔동〕 완화시키다, 개선시키다

尴尬 gāngà 〔형〕 (태도가) 어색하다, 곤란하다

气氛 qìfen 〔명〕 분위기

增进 zēngjìn 〔동〕 증진하다, 증진시키다

斗鸡 dòujī 〔명〕 닭싸움

游戏 yóuxì 〔명〕 게임

约会券 yuēhuìquàn 〔명〕 데이트권

热身 rèshēn 〔명〕 준비 운동

预备 yùbèi 〔동〕 준비(예비)하다

起劲儿 qǐjìnr 〔형〕 기운이 나다, 열심이다

结果 jiéguǒ 〔부〕 마침내, 결국

获胜 huòshèng 〔동〕 승리하다

赢 yíng 〔동〕 이기다

递 dì 〔동〕 넘겨주다

理想 lǐxiǎng 〔형〕 이상적이다

자신이 좋아하는 게임을 중국어로 설명하고 진행해 봅시다.

_____

_____

_____

_____

 더 생각해보기

▶ 인물의 대사와 동작을 어떻게 표현할 수 있을까요?

▶ 배경, 음악, 조명, 소품 등 어떤 무대 장치를 활용할 수 있을까요?

대본 해석

가이드	이곳이 바로 해남도에서 가장 아름다운 야롱만 해변입니다.
	어색한 분위기를 깨고 서로 친해지기 위해 닭싸움 게임을 하는 것이 어떻습니까?
	일등 상품은 야시장 데이트권입니다. 남성분들 준비 다 되셨나요?
	(남자들 몸을 풀며 닭싸움 게임 준비를 한다)
남자들	준비 다 되었습니다!
가이드	준비, 시작!
	(열심히 닭싸움 게임을 하는 남자들. 수현이 1등을 차지했다)
수현	와! 내가 이겼다!
가이드	축하합니다! 여기있습니다. (수현에게 데이트권을 준다)
수현	감사합니다. 지현 씨, 저와 같이 야시장에 가실래요?
지현	(쑥쓰러워하며) 네!
예빈	수현 씨는 내 이상형이야. 그는 내 거야!

Scene3

Drama

예빈은 흑심을 품고 수현을 불러내고, 지현은 상황을 오해한다.

🎧 MP3 04-05

艺彬 我得让秀贤出来。对！给他发个短信，就说是智贤的事儿。
Wǒ děi ràng Xiùxián chūlái. Duì! Gěi tā fā ge duǎnxìn, jiù shuō shì Zhìxián de shìr.

(舞台灯光熄了又亮了，秀贤和艺彬上场)
(wǔtái dēngguāng xī le yòu liàng le, Xiùxián hé Yìbīn shàng chǎng)

秀贤 艺彬，有什么事吗？
Yìbīn, yǒu shénme shì ma?

艺彬 秀贤，你怎么不喜欢我？为什么一直找智贤？
Xiùxián, nǐ zěnme bù xǐhuan wǒ? Wèishénme yìzhí zhǎo Zhìxián?

(把头靠在秀贤的肩上)
(bǎ tóu kàozài Xiùxián de jiān shàng)

秀贤 艺彬别这样。(把艺彬从自己身上推开)
Yìbīn bié zhèyàng. (bǎ Yìbīn cóng zìjǐ shēn shàng tuīkāi)

(出来散步时偶然看到这个场面，受到了打击的智贤)
(chūlái sànbù shí ǒurán kàndào zhè ge chǎngmiàn, shòudào le dǎjī de Zhìxián)

智贤 秀贤……。
Xiùxián…….

秀贤 (吃惊地) 智贤，这是误会。她发短信给我，说有关
(chījīng de) Zhìxián, zhè shì wùhuì. Tā fā duǎnxìn gěi wǒ, shuō yǒuguān
你的事儿让我出来，没想到她会这样，你看看。
nǐ de shìr ràng wǒ chūlái, méi xiǎngdào tā huì zhèyàng, nǐ kànkan.

智贤 对不起，是我误会你了。
Duìbuqǐ, shì wǒ wùhuì nǐ le.

(秀贤站起来与智贤拥抱，熄灯)
(Xiùxián zhànqǐlái yǔ Zhìxián yōngbào, xīdēng)

🎧 MP3 04-06

단어

短信 duǎnxìn 명 휴대전화 메시지

靠 kào 동 기대다

推开 tuīkāi 동 밀어내다

散步 sànbù 동 산책하다

偶然 ǒurán 부 우연히

受到 shòudào 동 받다

打击 dǎjī 명 충격, 공격

误会 wùhuì 동 명 오해(하다)

有关 yǒuguān 동 관련이 있다, 연관되다

拥抱 yōngbào 동 포옹하다

연출하기
Direction

자신의 이상형을 이야기해 봅시다.

_____

_____

_____

_____

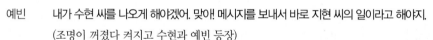 더 생각해보기

▶ 인물의 대사와 동작을 어떻게 표현할 수 있을까요?

▶ 배경, 음악, 조명, 소품 등 어떤 무대 장치를 활용할 수 있을까요?

대본 해석

예빈   내가 수현 씨를 나오게 해야겠어. 맞아! 메시지를 보내서 바로 지현 씨의 일이라고 해야지.

       (조명이 꺼졌다 켜지고 수현과 예빈 등장)

수현   예빈 씨, 무슨 일이에요?

예빈   수현 씨, 어째서 저는 안 좋아하세요? 왜 지현 씨만 찾는 거예요?

       (수현의 어깨에 머리를 기댄다)

수현   예빈 씨 이러지 마세요. (예빈을 자기 몸에서 밀어낸다)

       (산책하러 나왔다 우연히 이 광경을 보고 충격에 빠지는 지현)

지현   수현 씨…….

수현   (당황하며)지현 씨, 이건 오해예요. 그녀가 나에게 메시지를 보내 왔어요. 지현 씨에 관련

       한 일이라며 나오라고 했는데 이럴 줄은 미처 몰랐어요. 이 문자 보세요.

지현   미안해요, 제가 당신을 오해했어요.

       (수현 일어나서 지현과 포옹, 조명 꺼짐)

1년 후, 수현은 지현에게 청혼한다.　　　　　　　　　　　🎧 MP3 04-07

(灯光亮了，智贤和秀贤对坐在咖啡厅里)
(dēngguāng liàng le, Zhìxián hé Xiùxián duì zuò zài kāfēitīng li)

秀贤　我们见面已经一年多了。跟你在一起我很幸福，

Wǒmen jiànmiàn yǐjīng yì nián duō le. Gēn nǐ zài yìqǐ wǒ hěn xìngfú,

和我结婚吧。

hé wǒ jiéhūn ba.

(智贤喝着咖啡，吓了一跳，停了下来)
(Zhìxián hēzhe kāfēi, xià le yí tiào, tíng le xiàlái)

智贤　啊，结婚吗? 我还没准备好。

Á, jiéhūn ma? Wǒ hái méi zhǔnbèi hǎo.

(走向智贤把戒指戴在智贤的手上)
(zǒuxiàng Zhìxián bǎ jièzhi dài zài Zhìxián de shǒu shàng)

秀贤　相信我，我会对你好，和我结婚吧。

Xiāngxìn wǒ, wǒ huì duì nǐ hǎo, hé wǒ jiéhūn ba.

(智贤没说什么就靠向了秀贤，秀贤拥抱着智贤，熄灯)
(Zhìxián méi shuō shénme jiù kàoxiàng le Xiùxián, Xiùxián yōngbàozhe Zhìxián, xīdēng)

🎧 MP3 04-08

단어

幸福 xìngfú [형] 행복하다

吓一跳 xià yí tiào 깜짝 놀라다

戒指 jièzhi [명] 반지

戴 dài [동] 착용하다, 끼다

相信 xiāngxìn [동] 믿다, 신뢰하다

연출하기
Direction

자신이 봤던 가장 인상 깊은 프로포즈에 관하여 이야기해 봅시다.

_____

_____

_____

_____

🎬 더 생각해보기

▶ 인물의 대사와 동작을 어떻게 표현할 수 있을까요?

▶ 배경, 음악, 조명, 소품 등 어떤 무대 장치를 활용할 수 있을까요?

대본 해석

　　　　(조명 켜지고, 카페에 지현과 수현이 마주 앉아 있다)

수현　　우리가 만난 지도 벌써 일 년이 넘었네요. 당신과 함께 있으면 정말 행복해요. 나하고 결혼해 줘요.

　　　　(지현 커피를 마시다 깜짝 놀라 멈춘다)

지현　　아, 결혼하자고요? 전 아직 준비가 안 됐어요.

　　　　(수현이 지현 쪽으로 와서 손에 반지를 끼워 준다)

수현　　날 믿어 줘요. 앞으로 잘 할게요. 나랑 결혼해요.

　　　　(지현은 아무 말 없이 수현에게 기댄다. 수현이 지현을 포옹하며 조명 꺼짐)

수현과 지현은 사람들의 축복 속에서 행복한 결혼식을 올린다.

🎧 MP3 04-09

（来宾们坐在礼堂内，放着轻快的音乐）
(láibīnmen zuò zài lǐtáng nèi, fàngzhe qīngkuài de yīnyuè)

主持人　今天，欢迎大家参加新郎金秀贤和新娘全智贤的
　　　　Jīntiān, huānyíng dàjiā cānjiā xīnláng Jīn Xiùxián hé xīnniáng Quán Zhìxián de

　　　　结婚典礼。首先，新郎新娘入场！
　　　　jiéhūn diǎnlǐ. Shǒuxiān, xīnláng xīnniáng rùchǎng!

（智贤，秀贤入场，结婚进行曲）
(Zhìxián, Xiùxián rùchǎng, jiéhūn jìnxíngqǔ)

主持人　接下来，主婚人宣读结婚宣言。
　　　　Jiē xiàlai, zhǔhūnrén xuāndú jiéhūn xuānyán.

🎧 MP3 04-10

（主婚人登场，朗读宣言）
(zhǔhūnrén dēngchǎng, lǎngdú xuānyán)

主持人　最后，唱祝愿歌。下面有请我们漂亮的大明星。
　　　　Zuìhòu, chàng zhùyuàngē. Xiàmiàn yǒu qǐng wǒmen piàoliang de dà míngxīng.

　　　　大家鼓掌欢迎！
　　　　Dàjiā gǔzhǎng huānyíng!

（歌手登场，献歌儿）
(gēshǒu dēngchǎng, xiàn gēr)

主持人　新郎金秀贤和新娘全智贤的结婚典礼到此结束！
　　　　Xīnláng Jīn Xiùxián hé xīnniáng Quán Zhìxián de jiéhūn diǎnlǐ dào cǐ jiéshù!

　　　　谢谢大家！
　　　　Xièxie dàjiā!

단어

来宾 láibīn 〔명〕 내빈, 손님

礼堂 lǐtáng 〔명〕 식장

轻快 qīngkuài 〔형〕 경쾌하다

参加 cānjiā 〔동〕 (어떤 활동에)
　　　　참가하다, 참석하다

新郎 xīnláng 〔명〕 신랑

新娘 xīnniáng 〔명〕 신부

典礼 diǎnlǐ 〔명〕 (성대한) 식, 행사

接下来 jiē xiàlai
　　　　다음은, 이어서

主婚人 zhǔhūnrén 〔명〕 주례

宣读 xuāndú
　　　　〔동〕 대중 앞에서 낭독하다

宣言 xuānyán 〔명〕〔동〕 선언(하다)

祝愿 zhùyuàn
　　　　〔명〕〔동〕 축원(하다), 기원(하다)

献 xiàn 〔동〕 바치다

到此 dào cǐ 여기까지

연출하기
Direction

내가 보거나 겪은 결혼식 혹은 소개팅에 관하여 이야기해 봅시다.

 더 생각해보기

▶ 인물의 대사와 동작을 어떻게 표현할 수 있을까요?

▶ 배경, 음악, 조명, 소품 등 어떤 무대 장치를 활용할 수 있을까요?

대본 해석

(결혼식장에 하객이 앉아 있다. 경쾌한 음악이 나온다)

사회자 오늘, 신랑 김수현 군과 신부 전지현 양의 결혼식에 참가하신 여러분을 환영합니다.

먼저, 신랑 신부 입장이 있겠습니다!

(지현, 수현 입장, 결혼행진곡 음악)

사회자 이어서, 주례 선생님께서 성혼 선언문을 낭독하시겠습니다.

(주례 등장해 선언문을 낭독한다)

사회자 마지막으로 축가가 있겠습니다. 이제 아름다우신 연예인을 모시겠습니다.

여러분 뜨거운 박수로 맞아 주시기 바랍니다!

(가수 등장하여 축가를 부른다)

사회자 이로써 신랑 김수현 군과 신부 전지현 양의 결혼식을 모두 마치겠습니다! 여러분 감사합니다!

1 祝

祝는 '바라다', '(신에게) 빌다', '축원하다'라는 뜻으로, 마음에서 나오는 바람을 표현하는 말이다. "祝你一切顺利(모든 일이 순조롭게 잘 되기를 바랄게요)"와 같이 순조롭게 일이 풀리기를 바랄 때 뿐만 아니라 "祝生日快乐(생일 축하합니다)", "祝新年快乐(새해 복 많이 받으세요)"와 같이 '좋은 날을 맞았으니, 즐겁고 유쾌하라'라는 축하의 의미로 사용하기도 한다.

해설 예문   **祝大家喜结良缘!**
Zhù dàjiā xǐjié liángyuán!
모두들 좋은 인연 맺으시길 바랍니다!

祝一路顺风!
Zhù yílù shùnfēng!
가는 길이 무사하길 바랍니다!

祝你节日快乐!
Zhù nǐ jiérì kuàilè!
즐거운 명절 되세요!

2 尴尬的气氛

분위기가 이상하고 어색할 때 쓰는 표현으로 아래의 예문과 같이 '어색한 분위기를 없애다', '어색한 분위기를 풀다', '분위기를 돌이키다' 등의 표현에 많이 사용한다.

해설 예문   **为了缓解尴尬的气氛，我们进行斗鸡游戏。**
Wèile huǎnjiě gāngà de qìfen, wǒmen jìnxíng dòujī yóuxì.
어색한 분위기를 깨기 위해 닭싸움 게임을 진행하겠습니다.

怎么解决和女朋友尴尬的气氛?
Zěnme jiějué hé nǚ péngyou gāngà de qìfen?
어떻게 여자친구와의 어색한 분위기를 풀 수 있을까?

巧妙地缓解尴尬的气氛。
Qiǎomiào de huǎnjiě gāngà de qìfen.
어색한 분위기를 교묘하게 풀다.

단어 ▶ **巧妙** qiǎomiào 〔형〕 교묘하다, 절묘하다

3 就说是

就说是는 앞뒤 문장을 연결하는 역할을 하여 '바로 ~라고 말하다'의 뜻으로 쓰인다. 바로 뒤에
나오는 사실을 강조하며, 또한 어쩔 수 없이 그렇게 한다는 어기를 나타내기도 한다.

해설 예문　**给他发个短信，就说是智贤的事儿。**
Gěi tā fā ge duǎnxìn, jiù shuō shì Zhìxián de shìr.
메시지를 보내서 바로 지현 씨의 일이라고 해야겠다.

她看见我的书就说是她的。
Tā kànjiàn wǒ de shū jiù shuō shì tā de.
그녀는 내 책을 보더니 자신의 책이라고 했다.

要是谁问起来，就说是妈妈让我来的。
Yàoshì shéi wèn qǐlái, jiù shuō shì māma ràng wǒ lái de.
만약 누가 물어보면 엄마가 오라고 해서 왔다고 말할 것이다.

4 没想到

'미처 생각하지 못했음'을 나타낼 때 쓰는 표현이다. 여기서 没는 '못하다'의 뜻이며 想到는
'생각하다', '예측하다'의 뜻으로 사용한다.

해설 예문　**没想到她会这样。**
Méi xiǎngdào tā huì zhèyàng.
그녀가 이럴 줄은 미처 몰랐다.

没想到我能来中国。
Méi xiǎngdào wǒ néng lái Zhōngguó.
내가 중국에 올 것이라고는 생각지도 못했다.

没想到韩国的整容技术这么好。
Méi xiǎngdào Hánguó de zhěngróng jìshù zhème hǎo.
한국의 성형수술 기술이 이렇게 좋을 줄은 몰랐다.

단어 ▸ **整容** zhěngróng 통 미용 성형하다 | **技术** jìshù 명 기술

▶ 질투 · 당황 · 충격 등의 어기에 주의하여 다음 대사를 큰소리로 읽어봅시다.　　🎧 MP3 04-11

❶ 艺彬　我得让秀贤出来。对！给他发个短信，就说是　　☐☐☐
　　　　Wǒ děi ràng Xiùxián chūlái. Duì! Gěi tā fā ge duǎnxìn, jiù shuō shì

　　　　智贤的事儿。
　　　　Zhìxián de shìr.

❷ 秀贤　艺彬，有什么事吗?　　☐☐☐
　　　　Yìbīn, yǒu shénme shì ma?

❸ 艺彬　秀贤，你怎么不喜欢我? 为什么一直找智贤?　　☐☐☐
　　　　Xiùxián, nǐ zěnme bù xǐhuan wǒ? Wèishénme yìzhí zhǎo Zhìxián?

❹ 秀贤　艺彬别这样。　　☐☐☐
　　　　Yìbīn bié zhèyàng.

❺ 智贤　秀贤……。　　☐☐☐
　　　　Xiùxián…….

시나리오 쓰기
Writing

▶ 소개팅 혹은 처음 참가한 활동에서 발생한 일을 주제로 한 시나리오를 중국어로 작성해 봅시다.

등장인물

줄거리

인물

대사

시나리오 쓰기
Writing

인물	대사

차부뚜어 선생

차부뚜어 선생	항상 대충대충 하는 성격의 소유자
차부뚜어 엄마	차부뚜어 때문에 답답해 함
슈퍼 아줌마	친절하고 서비스가 좋은 사람
학교 선생님	인자하고 품위 있는 성격
학생 몇 명	같은 반 친구들
사장님	계속 숫자를 틀리는 차부뚜어가 한심함
차부뚜어 선생 아내	대충하는 남편과 딸 때문에 항상 화가 남
차부뚜어 선생 딸	아빠를 닮아 세심하지 못하고 덜렁댐
수의사	수의사이지만 사람을 치료한 대담한 성격

줄거리

본 연극은 중국의 작가인 후스(胡适)의 '차부뚜어 선생전 (差不多先生传)'을 패러디하여 연극화 한 작품이다. 차 부뚜어 선생은 평소 뭐든 대충대충 하는 성격의 소유자 이다. 흑설탕이 아닌 백설탕을 대충 사오고, 일천(千) 자 와 열십(十) 자가 획 하나가 다를뿐 비슷하다고 생각하여 항상 가게 주인에게 혼난다. 기차 타러 2분 늦게 도착하 고는 벌써 떠났다고 중얼거리면서도 오늘 가나 내일 가 나 마찬가지라고 생각한다. 노년에 차부뚜어 선생이 병 에 걸렸을 때 딸이 수의사를 잘못 불러 왔는데도 사람을 치료하는 의사나 동물을 치료하는 수의사나 마찬가지라 고 하여 치료를 받다가 결국 사망에 이르렀다는 어처구 니없는 이야기이다. 이 내용은 그 당시 중국 사람들의 대 충대충 넘어가는 생활 태도를 풍자한 글이다.

차부뚜어 선생을 소개한다.

MP3 05-01

（《差不多先生传》的照片或者电影海报，
(《Chà Bùduō xiānshengzhuàn》de zhàopiàn huòzhě diànyǐng hǎibào,

出现在舞台画面上，并开始解说）
chūxiàn zài wǔtái huàmiàn shàng, bìng kāishǐ jiěshuō)

解说　你知道中国最有名的人是谁?
　　　Nǐ zhīdào Zhōngguó zuì yǒumíng de rén shì shéi?

　　　提起此人，人人皆晓。他姓差，名不多。
　　　Tíqǐ cǐ rén, rénren jiē xiǎo. Tā xìng Chà, míng Bùduō.

　　　你一定见过他，也一定听过别人提起他。
　　　Nǐ yídìng jiànguo tā, yě yídìng tīngguo biérén tíqǐ tā.

　　　差不多先生的名字天天挂在大家的口头，
　　　Chà Bùduō xiānsheng de míngzi tiāntiān guà zài dàjiā de kǒutóu,

　　　他代表了一部分在日常生活中做事不认真、
　　　tā dàibiǎo le yíbùfen zài rìcháng shēnghuó zhōng zuò shì bú rènzhēn、

　　　糊里糊涂的中国人。
　　　húli hútú de Zhōngguórén.

단어

海报 hǎibào ［명］ 포스터

提起 tíqǐ ［동］ 말을 꺼내다, 언급하다

皆 jiē ［부］ 모두, 전부, 다

晓 xiǎo ［동］ 알다, 이해하다

别人 biérén ［대］ (나 또는 특정 사람 이외의) 다른 사람

天天 tiāntiān ［부］ 날마다, 매일

挂 guà ［동］ 걸다, 붙어있다

口头 kǒutóu ［명］ 입

代表 dàibiǎo ［동］ 대표하다

日常 rìcháng ［형］ 일상의, 평소의, 일상적인

生活 shēnghuó ［명］ 생활

认真 rènzhēn ［형］ 진지(진실)하다

糊里糊涂 húli hútú ［형］ 어리벙벙하다, 흐리멍덩하다

연출하기
Direction

〈차부뚜어 선생전〉을 쓴 작가와 그 당시 시대 배경에 대해 알아봅시다.

_____

_____

_____

_____

_____

 더 생각해보기

▶ 인물의 대사와 동작을 어떻게 표현할 수 있을까요?

▶ 배경, 음악, 조명, 소품 등 어떤 무대 장치를 활용할 수 있을까요?

대본 해석

(〈차부뚜어 선생전〉 사진 혹은 영화 포스터 사진이 무대 화면에 나오고 내레이션 시작)

내레이션   중국에서 가장 유명한 사람이 누구인지 아십니까? 이 사람을 언급하면 누구나 알고 있습니다. 그는 성이 '차'이고 이름은 '부뚜어'입니다. 당신은 분명 그를 보았고 틀림없이 다른 사람들이 그에 대해 말하는 것을 들었을 것입니다. 차부뚜어 선생의 이름이 매일 사람들의 입에 오르내리는 것은 그가 바로 일상생활 가운데 진지하지 않고 대충하는 중국의 일부 사람들을 대표하기 때문입니다.

Scene 2

Drama

어린 차부뚜어 선생은 흑설탕을 사오라는 엄마의 심부름을 받고 슈퍼에 간다.　　🎧 MP3 05-03

妈妈　　差不多，你去超市买包红糖吧。
　　　　Chà Bùduō, nǐ qù chāoshì mǎi bāo hóngtáng ba.

差不多　好的，妈妈我现在就去买。
　　　　Hǎo de, māma wǒ xiànzài jiù qù mǎi.

　　　　(在超市)
　　　　(zài chāoshì)

差不多　阿姨，您好！我要买一包糖。
　　　　Āyí, nín hǎo! Wǒ yào mǎi yì bāo táng.

阿姨　　糖有两种，你要红糖还是白糖？
　　　　Táng yǒu liǎng zhǒng, nǐ yào hóngtáng háishi báitáng?

差不多　(在苦恼中) 妈妈要我买什么来着……？
　　　　(zài kǔnǎo zhōng) Māma yào wǒ mǎi shénme láizhe……?

　　　　算了，只要是糖就行。阿姨，给我一包白糖吧。
　　　　Suàn le, zhǐyào shì táng jiù xíng. Āyí, gěi wǒ yì bāo báitáng ba.

　　　　(在家里)
　　　　(zài jiā li)

差不多　妈妈，糖我买回来了。
　　　　Māma, táng wǒ mǎi huílai le.

妈妈　　(打开包装看后) 这是什么？
　　　　(dǎkāi bāozhuāng kàn hòu) Zhè shì shénme?

　　　　我不是说了买红糖吗？怎么买了白糖？
　　　　Wǒ bú shì shuō le mǎi hóngtáng ma? Zěnme mǎi le báitáng?

差不多　红糖、白糖，不是差不多吗？
　　　　Hóngtáng、báitáng, bú shì chà bu duō ma?

妈妈　　红糖白糖颜色上就不一样，差得多了！真气死我了。
　　　　Hóngtáng báitáng yánsè shàng jiù bù yíyàng, chà de duō le! Zhēn qìsǐ wǒ le.

🎧 MP3 05-04

단어

超市 chāoshì 〔명〕 슈퍼마켓[超级市场 chāojí shìchǎng 의 줄인 표현]

买 mǎi 〔동〕 사다, 매입하다

包 bāo 〔양〕 봉지

红糖 hóngtáng 〔명〕 흑설탕

阿姨 āyí 〔명〕 아주머니, 이모

苦恼 kǔnǎo 〔동〕 고민하다

算了 suàn le 그만두다, 됐다

回来 huílai 〔동〕 ~하여 오다[동사 뒤에 붙어 본래의 장소로 되돌아옴을 나타냄]

颜色 yánsè 〔명〕 색, 색깔

气死 qìsǐ 〔동〕 화가 나 죽을 지경이다, 울화통 터지다

연출하기
Direction

누군가의 심부름에서 실수한 적이 있다면 이야기해 봅시다.

 더 생각해보기

▶ 인물의 대사와 동작을 어떻게 표현할 수 있을까요?

▶ 배경, 음악, 조명, 소품 등 어떤 무대 장치를 활용할 수 있을까요?

대본 해석

엄마	차부뚜어, 슈퍼마켓에 가서 흑설탕 한 봉지 사 오너라.
차부뚜어	네, 엄마 제가 지금 가서 사 올게요.
	(슈퍼에서)
차부뚜어	아주머니, 안녕하세요! 설탕 한 봉지 주세요.
아줌마	설탕은 두 가지가 있는데, 흑설탕을 줄까 아니면 백설탕을 줄까?
차부뚜어	(고민하면서) 엄마가 나보고 무엇을 사오라고 했었지……?
	됐어, 설탕이면 되지. 아주머니, 백설탕 한 봉지 주세요.
	(집에서)
차부뚜어	엄마, 설탕 사 왔어요.
엄마	(봉투를 열어 보며) 이게 뭐지? 내가 흑설탕을 사 오라고 했는데 왜 백설탕을 사 왔어?
차부뚜어	흑설탕이나 백설탕이나 비슷한 것 아니에요?
엄마	흑설탕과 백설탕은 색깔부터 다른데 차이가 크지! 내가 못살아.

Scene3
Drama

학창 시절의 차부뚜어 선생이 학교에서 선생님의 질문에 엉뚱한 답을 한다.　　　🎧 MP3 05-05

老师　大家安静！现在开始上课。
　　　　Dàjiā ānjìng! Xiànzài kāishǐ shàngkè.

　　　　我问你们，中国最大的岛是哪个岛？
　　　　Wǒ wèn nǐmen, Zhōngguó zuì dà de dǎo shì nǎ ge dǎo?

差不多　南海岛。
　　　　Nánhǎi dǎo.

　　　　（学生们一边嘀咕一边指点着笑）
　　　　(xuéshengmen yìbiān dígu yìbiān zhǐdiǎnzhe xiào)

学生们　哈哈哈……
　　　　Hāhāhā……

老师　你错了，不是"南海岛"，是"海南岛"。
　　　　Nǐ cuò le, bú shì "nánhǎi dǎo", shì "Hǎinán dǎo".

差不多　(摇摇头)"南海"跟"海南"不是差不多吗？
　　　　(yáoyao tóu) "Nánhǎi" gēn "Hǎinán" bú shì chà bu duō ma?

老师　(郁闷的表情) 天哪！
　　　　(yùmèn de biǎoqíng) Tiān na!

🎧 MP3 05-06

단어

安静 ānjìng 〔형〕 조용하다

岛 dǎo 〔명〕 섬

嘀咕 dígu 〔동〕 수군거리다

指点 zhǐdiǎn 〔동〕 손가락질하다

摇头 yáo tóu 〔동〕 고개를 내젓다

郁闷 yùmèn 〔형〕 마음이 답답하다

학창 시절 발표를 하다 실수하거나 웃음거리가 된 적이 있다면 이야기해 봅시다.

 더 생각해보기

▶ 인물의 대사와 동작을 어떻게 표현할 수 있을까요?

▶ 배경, 음악, 조명, 소품 등 어떤 무대 장치를 활용할 수 있을까요?

대본 해석

선생님	여러분 조용히 하세요! 지금부터 수업을 시작하겠습니다. 제가 질문할게요. 중국에서 가장 큰 섬은 어느 섬인가요?
차부뚜어	남해도요. (학생들이 수군거리고 손가락질하며 웃는다)
학생들	하하하……
선생님	틀렸어요. '남해도'가 아니고 '해남도'예요.
차부뚜어	(고개를 갸우뚱거리며) '해남'과 '남해'는 거기서 거기 아니에요?
선생님	(답답하다는 표정으로) 세상에!

성인이 된 차부뚜어 선생은 환전가게의 회계가 되었다. 🎧 MP3 05-07

解说 后来他在一个钱铺里做会计。他会写，也会算，就是
Hòulái tā zài yí ge qiánpù li zuò kuàijì. Tā huì xiě, yě huì suàn, jiùshì

不仔细。十字常常写成千字，千字常常写成十字。
bù zǐxì. Shí zì chángcháng xiěchéng qiān zì, qiān zì chángcháng xiěchéng shí zì.

老板总是生气，常常骂他。
Lǎobǎn zǒngshì shēngqì, chángcháng mà tā.

(差不多先生在商店里对帐，店主在看着)
(Chà Bùduō xiānsheng zài shāngdiàn li duìzhàng, diànzhǔ zài kànzhe)

老板 差不多，你又错了。
Chà Bùduō, nǐ yòu cuò le.

到底什么时候你才能做得正确？
Dàodǐ shénme shíhou nǐ cái néng zuò de zhèngquè?

差不多 老板，真不好意思。千字比十字只多一小撇，
Lǎobǎn, zhēn bù hǎoyìsi. Qiān zì bǐ shí zì zhǐ duō yì xiǎo piě,

不是差不多吗？
bú shì chà bu duō ma?

老板 (生气地) 废话，马上改！
(shēngqì de) Fèihuà, mǎshàng gǎi!

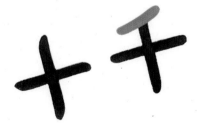

🎧 MP3 05-08

단어

钱铺 qiánpù 명 옛날 환전가게, 환전상

会计 kuàijì 명 회계, 회계원

算 suàn 동 (숫자를) 계산하다

就是 jiùshì 부 다만

仔细 zǐxì 형 꼼꼼하다, 자세하다, 세밀하다

生气 shēngqì 동 화내다, 성내다

骂 mà 동 질책하다, 꾸짖다

对帐 duìzhàng 동 장부를 대조하다

店主 diànzhǔ 명 가게 주인

到底 dàodǐ 부 도대체[의문문에 쓰여 의문의 어기를 강조]

正确 zhèngquè 형 정확하다, 틀림없다

比 bǐ 개 ~보다 동 비교하다

撇 piě 명 삐침, 한자의 필획 'ノ'

废话 fèihuà 명 쓸데없는 말

改 gǎi 동 수정하다, 고치다

'十'과 '千'자와 같이 획 몇 개의 차이가 있는 비슷한 한자를 찾아 이야기해 봅시다.

 더 생각해보기

▶ 인물의 대사와 동작을 어떻게 표현할 수 있을까요?

▶ 배경, 음악, 조명, 소품 등 어떤 무대 장치를 활용할 수 있을까요?

대본 해석

내레이션   후에 그는 한 환전 가게의 점원이 되었습니다. 그는 글씨를 쓸 줄도 알고 계산을 할 줄
도 알았지만 꼼꼼하지 못했습니다. '十'자를 종종 '千'자로 쓰거나 '千'자를 '十'자로
썼습니다. 주인은 화가 나서 그를 자주 야단쳤습니다.

(가게 안에서 계산하며 쓰고 있는 차부뚜어와 그 옆에서 보고 있는 주인)

사장님   차부뚜어, 너 또 틀렸어. 도대체 언제야 제대로 하겠니?

차부뚜어   사장님, 정말 죄송합니다. '천(千)'자는 '십(十)'자보다 삐침 한 획이 많을 뿐인데 비슷한
것 아닌가요?

사장님   (화를 내며) 쓸데없는 소리 하지 말고 빨리 고치게나!

차부뚜어 선생은 어느날 기차를 타기 위해 기차역에 갔다.　　🎧 MP3 05-09

解说　有一天，他因为一件要紧的事，要坐火车去上海。
　　　　Yǒu yì tiān, tā yīnwèi yí jiàn yàojǐn de shì, yào zuò huǒchē qù Shànghǎi.

（火车站里响起了广播的声音）
（huǒchēzhàn li xiǎngqǐ le guǎngbō de shēngyīn）

广播员　乘客们，八点三十分开往上海的火车快要出发了。
　　　　Chéngkèmen, bā diǎn sānshí fēn kāiwǎng Shànghǎi de huǒchē kuài yào chūfā le.

（演员们形成火车模样的队形登台表演，然后退场。
（yǎnyuánmen xíngchéng huǒchē múyàng de duìxíng dēngtái biǎoyǎn, ránhòu tuìchǎng.
差不多先生登上舞台）
Chà Bùduō xiānsheng dēng shàng wǔtái）

差不多　我只迟到了两分钟，火车已经开走了，
　　　　Wǒ zhǐ chídào le liǎng fēn zhōng, huǒchē yǐjīng kāizǒu le,

只好明天再走了。今天走同明天走都差不多，
zhǐhǎo míngtiān zài zǒu le. Jīntiān zǒu tóng míngtiān zǒu dōu chà bu duō,

八点三十分开，同八点三十二分开，不是差不多吗？
bā diǎn sānshí fēn kāi, tóng bā diǎn sānshí'èr fēn kāi, bú shì chà bu duō ma?

（有气无力地走回家去）
（yǒuqì wúlì de zǒu huí jiā qù）

🎧 MP3 05-10

단어　　　　　　　　　　　　　○

件 jiàn [양] 일, 사건, 개체의 사물
　　을 세는 데 사용

要紧 yàojǐn
　　　[형] 중요하다, 요긴하다

火车 huǒchē [명] 기차

广播 guǎngbō [명] 방송

模样 múyàng [명] 모양

队型 duìxíng [명] 대형

迟到 chídào [동] 지각하다

只好 zhǐhǎo [부] 부득이, 부득
　　불, 할 수 없이

同 tóng [개] ～와(과)

有气无力 yǒuqì wúlì [성] 기운
이 없다

연출하기
Direction

버스나 지하철 혹은 기차를 놓친 적이 있다면 이야기해 봅시다.

 더 생각해보기

▶ 인물의 대사와 동작을 어떻게 표현할 수 있을까요?

▶ 배경, 음악, 조명, 소품 등 어떤 무대 장치를 활용할 수 있을까요?

대본 해석

내레이션	어느 날, 그는 중요한 일 때문에 기차를 타고 상하이를 가야 했습니다.
	(기차역에서 방송이 나온다)
안내방송	승객 여러분, 8시 30분 상하이 행 열차가 곧 출발합니다.
	(연기자들이 기차 모양으로 줄을 지어 무대에 올랐다 퇴장하고 차부뚜어 선생이 무대에 등장한다)
차부뚜어	난 2분밖에 늦지 않았는데 기차가 이미 떠나버렸네. 내일 가는 수밖에 없구나. 오늘 가나 내일 가나 마찬가지이고, 8시 30분에 출발하나 8시 32분에 출발하나 거기서 거기 아닌가?
	(터벅터벅 걸어서 집으로 간다)

Scene6

Drama

병이 난 노년의 차부뚜어 선생을 치료하기 위해 딸이 의사를 찾으러 간다.

🎧 MP3 05-11

解说　有一天，差不多先生忽然得了急病，他的妻子叫
Yǒu yìtiān,　Chà Bùduō xiānsheng hūrán dé le jíbìng, tā de qīzi jiào

女儿赶快去请大夫。
nǚ'ér gǎnkuài qù qǐng dàifu.

（差不多先生的家，妈妈用急促的声音说）
(Chà Bùduō xiānsheng de jiā, māma yòng jícù de shēngyīn shuō)

妻子　你赶快去请东街的汪医生吧。
Nǐ gǎnkuài qù qǐng dōngjiē de Wāng yīshēng bā.

你爸快不行了！
Nǐ bà kuài bù xíng le!

女儿　爸爸，稍等一下，我马上去请医生来。
Bàba, shāo děng yíxià, wǒ mǎshàng qù qǐng yīshēng lái.

（女儿没有听好妈妈的话却把西街牛医王大夫请来了）
Nǚ'ér méiyǒu tīnghǎo māma de huà què bǎ xījiē niúyī Wáng dàifu qǐng lái le

女儿　哦！你是汪先生吗?
Ó! Nǐ shì Wāng xiānsheng ma?

医生　我是王先生。
Wǒ shì Wáng xiānsheng.

女儿　你快跟我走吧！
Nǐ kuài gēn wǒ zǒu ba!

🎧 MP3 05-12

단어

忽然 hūrán 〔부〕 갑자기, 별안간

急病 jíbìng 〔명〕 위급한 병, 급병

赶快 gǎnkuài 〔부〕 빨리, 얼른

大夫 dàifu 〔명〕 의사

急促 jícù 〔형〕 다급하다

医生 yīshēng 〔명〕 의사

稍 shāo 〔부〕 약간, 좀, 조금

等 děng 〔동〕 기다리다

연출하기
Direction

말을 잘못 알아들어 실수한 적이 있다면 이야기해 봅시다.

_____

_____

_____

_____

 더 생각해보기

▶ 인물의 대사와 동작을 어떻게 표현할 수 있을까요?

▶ 배경, 음악, 조명, 소품 등 어떤 무대 장치를 활용할 수 있을까요?

대본 해석

내레이션	어느 날 차부뚜어 선생이 갑자기 위급한 병에 걸려 차부뚜어 선생의 아내는 딸에게 빨리 가서 의사를 모셔 오라고 했습니다.
	(차부뚜어 선생의 집, 엄마가 다급한 목소리로 말한다)
아내	너 빨리 가서 동쪽 거리에 계시는 왕(汪) 선생님을 모셔 오너라. 네 아빠가 위급해!
딸	아빠, 잠깐만 기다리세요. 제가 빨리 가서 의사를 모셔 올게요.
	(딸은 엄마의 말을 제대로 듣지 않고 서쪽 거리의 수의사 왕(王) 선생님을 모셔 온다)
딸	오! 선생님께서 왕(汪) 선생님이세요?
의사	저는 왕(王) 선생입니다.
딸	빨리 저와 함께 가세요!

Scene 7
Drama

수의사는 환자가 사람인 것을 보고 놀란다. 🎧 MP3 05-13

(女儿和医生急忙地跑进来东张西望)
(nǚ'er hé yīshēng jímáng de pǎo jìnlai dōngzhāng xīwàng)

医生   (用惊讶的表情大声地说) 怎么了? 你不是人嘛!
      (yòng jīngyà de biǎoqíng dàshēng de shuō) Zěnme le? Nǐ bú shì rén ma!

      我不是给人治病的, 我是给动物治病的啊!
      Wǒ bú shì gěi rén zhì bìng de, wǒ shì gěi dòngwù zhì bìng de a!

妻子   (瞪着眼睛) 什么? 给动物治病的兽医?
      (dèngzhe yǎnjing) Shénme? Gěi dòngwù zhì bìng de shòuyī?

差不多 差不多, 治疗人的医生和治疗牛的医生差不多,
      Chà bu duō, zhìliáo rén de yīshēng hé zhìliáo niú de yīshēng chà bu duō,

      让他试试看吧。
      ràng tā shìshi kàn ba.

妻子   牛医生, 没有时间了, 快看看他吧。
      Niú yīshēng, méiyǒu shíjiān le, kuài kànkan tā ba.

      (妻子和女儿恳切地拜托)
      (qīzi hé nǚ'er kěnqiè de bàituō)

医生   好! 好! 好! 那我就试试吧。
      Hǎo! Hǎo! Hǎo! Nà wǒ jiù shìshi ba.

🎧 MP3 05-14

단어

急忙 jímáng
  형 바쁘다, 분주하다

东张西望 dōngzhāng xīwàng
  성 두리번거리다

惊讶 jīngyà 형 놀랍고 의아하다

治 zhì 동 치료하다

动物 dòngwù 명 동물

瞪 dèng 동 눈을 크게 뜨다

兽医 shòuyī 명 수의(사)

试 shì 동 시험하다, 시험 삼아
  해보다, 시도하다

恳切 kěnqiè 형 간절하다

'汪' 과 '王' 자와 같이 글자의 뜻이 다르나 발음은 비슷한 한자를 찾아 이야기해 봅시다.

더 생각해보기

▶ 인물의 대사와 동작을 어떻게 표현할 수 있을까요?

▶ 배경, 음악, 조명, 소풍 등 어떤 무대 장치를 활용할 수 있을까요?

대본 해석

	(의사는 딸과 함께 집으로 뛰어 들어와 두리번거린다)
의사	(놀란 표정과 큰 목소리로) 어찌된 일이지? 당신은 사람이잖아요!
	저는 사람이 아니라 동물을 치료합니다!
아내	(눈이 휘둥그레지면서) 뭐라고요? 동물을 치료하는 수의사라고요?
차부뚜어	비슷해, 사람을 치료하는 의사나 소를 치료하는 의사나 다 거기서 거기 아니야.
	치료해 보라고 해.
아내	수의사님, 시간이 없어요. 제발 봐 주세요.
	(아내와 딸 간절히 부탁한다)
의사	알겠습니다, 알겠어요! 그럼 제가 한번 해 보겠습니다.

수의사에게 치료를 받은 차부뚜어 선생은 생명이 위태해졌고, 결국 죽고 말았다.

🎧 MP3 05-15

解说 于是这位牛医生王大夫用医牛的方法给差不多先生治病。
Yúshì zhè wèi niú yīshēng Wáng dàifu yòng yī niú de fāngfǎ gěi Chà Bùduō xiānsheng zhì bìng.

不到一个小时，差不多先生就一命呜呼了。
Bú dào yí ge xiǎoshí, Chà Bùduō xiānsheng jiù yìmìng wūhū le.

差不多先生差不多要死的时候，断断续续地说道。
Chà Bùduō xiānsheng chà bu duō yào sǐ de shíhou, duànduan xùxu de shuōdào.

差不多 活人同死人……差……不多。凡事只要差……
Huó rén tóng sǐ rén……chà……bu duō. Fánshì zhǐyào chà……

差……不多就……好了。何必……太……太认真呢？
chà……bu duō jiù……hǎo le. Hébì……tài……tài rènzhēn ne?

(差不多先生突然站起来说完最后一句话后
(Chà Bùduō xiānsheng tūrán zhàn qǐlái shuōwán zuìhòu yí jù huà hòu

倒在地上)
dǎo zài dì shàng)

解说 他说完了这句话，就死了。他死后，大家都称赞
Tā shuō wán le zhè jù huà, jiù sǐ le. Tā sǐ hòu, dàjiā dōu chēngzàn

差不多先生凡事看得开，想得通，
Chà Bùduō xiānsheng fán shì kàn de kāi, xiǎng de tōng,

大家都说他一生不肯认真，不肯计较，
dàjiā dōu shuō tā yìshēng bù kěn rènzhēn, bù kěn jìjiào,

真是一位有德行的人。如果人人都像差不多
zhēnshi yí wèi yǒu déxíng de rén. Rúguǒ rénrén dōu xiàng Chà Bùduō

先生一样中国将变成什么样子呢？
xiānshéng yíyàng Zhōngguó jiāng biànchéng shénme yàngzi ne?

🎧 MP3 05-16

단어

于是 yúshì [접] 그리하여

方法 fāngfǎ [명] 방법, 수단, 방식

一命呜呼 yímìng wūhū
　　[성] 일순간 황천길로 가다

断断续续 duànduan xùxu
　　[형] 끊어졌다 이어졌다 하다

凡事 fánshì [명] 만사, 모든 일

何必 hébì [부] 구태여(하필) ~
　　할 필요가 있는가

突然 tūrán [형] 갑작스럽다

称赞 chēngzàn [명][동] 칭찬(하다)

通 tōng [형] 막힘이 없다

不肯 bù kěn (기꺼이) ~하려고
　　하지 않다

计较 jìjiào [동] 계산하여 비교하
　　다, 따지다

德行 déxíng [명] 덕행

102

연출하기
Direction

〈차부뚜어 선생전〉의 결말을 보고 느낀 점을 이야기해 봅시다.

_____

_____

_____

_____

 더 생각해보기

▶ 인물의 대사와 동작을 어떻게 표현할 수 있을까요?

▶ 배경, 음악, 조명, 소품 등 어떤 무대 장치를 활용할 수 있을까요?

대본 해석

내레이션   그리하여 이 수의사는 소를 치료하는 방법으로 차부뚜어 선생을 치료하였습니다. 차부뚜어 선생은 거의 숨이 끊어지려고 할 때 숨을 헐떡이면서 말했습니다.

차부뚜어   산 사람이나 죽은 사람이나 비……슷……한 거지. 모든 일이 비……슷……하면 되는 거야. 구태여 그……그……렇게 진지할…… 필요가 있어?

     (차부뚜어 선생 벌떡 일어나서 마지막 말을 한 뒤 푹 쓰러진다)

내레이션   그는 이 말을 마친 뒤 죽고 말았습니다. 그가 죽은 후, 사람들은 차부뚜어 선생이 모든 일에 생각이 트이고 달관했다며 칭송했다. 사람들이 모두 그는 일생동안 진지하려고 하지 않았고, 비교하여 따지려 하지 않은 참으로 덕행을 가진 분이라고 말했습니다. 만약 사람들이 모두 차부뚜어 선생과 같다면 중국은 어떻게 변하겠습니까?

제5편 차부뚜어 선생 103

1 差得多了

差得多了(차이가 많이 난다)는 差不多了(큰 차이가 없다)와 반대되는 뜻으로 아래의 예문에서는 '比'와 함께 사용하여 그 어떤 대상과 비교하거나 과거의 시간과 비교하여 '차이가 많이 난다'는 의미로 사용한다.

해설 예문   **红糖、白糖颜色上就不一样，差得多了！**
Hóngtáng、báitáng yánsè shàng jiù bù yíyàng, chà de duō le!
흑설탕과 백설탕은 색깔부터 다른데, 차이가 크지!

他的汉语水平比我差得多了。
Tā de hànyǔ shuǐpíng bǐ wǒ chà de duō le.
그의 중국어 실력은 나보다 많이 부족하다.

我的皮肤比以前差得多了。
Wǒ de pífū bǐ yǐqián chà de duō le.
나의 피부가 예전보다 못하다.

2 气死

气死는 '성이 나서 죽을 지경이다', '미치도록 화가 치밀다', '울화통 터지다'라는 의미이다. 아래의 예문에서처럼 死 앞에 형용사 忙, 累, 冻 등을 붙여 忙死我了(바빠 죽겠다), 累死我了(힘들어 죽겠다), 冻死我了(추워 죽겠다)와 같이 쓰인다. 「……死了」는 힘들거나 극한 상황에 부딪혔을 때 사용하는 표현으로 '~죽겠다'로 해석되며 중국인들도 일상 대화에서 습관적으로 사용하는 말이다.

해설 예문   **真气死我了。** 내가 못살아.
Zhēn qìsǐ wǒ le.

每天从早到晚忙死我了。 매일 아침부터 저녁까지 바빠죽겠다.
Měitiān cóng zǎo dào wǎn mángsǐ wǒ le.

最近工作量太多累死我了。 요즘 업무량이 너무 많아서 피곤해 죽겠다.
Zuìjìn gōngzuò liàng tài duō lèisǐ wǒ le.

단어 ▶ **水平 shuǐpíng** 몡 수준 | **皮肤 pífū** 몡 피부 | **每天 měitiān** 몡 매일

3 到底

到底는 부사로서 의문문에 쓰여 어기를 강조하며 우리말의 '도대체'라는 뜻으로 쓰인다. 아래 예문에서처럼 什么 의문문에 쓰여 정도가 깊은 추궁을 나타낸다.

해설 예문 **到底什么时候你才能做得正确?**
Dàodǐ shénme shíhou nǐ cái néng zuò de zhèngquè?
도대체 언제야 제대로 하겠니?

你昨天到底去了什么地方?
Nǐ zuótiān dàodǐ qù le shénme dìfang?
너는 어제 도대체 어디를 간 거니?

到底什么时候你能明白?
Dàodǐ shénme shíhou nǐ néng míngbai?
도대체 언제 이해할 수 있겠니?

4 比

'比'는 개사로서 정도나 상태의 차이를 비교하는 데 쓰인다. 우리말의 '~에 비해', '~보다'의 뜻이다. 아래의 예문에서는 只와 연결되어 '~보다 단지 ~하다'라는 의미를 나타낸다.

해설 예문 **千字比十字只多一小撇。**
Qiān zì bǐ shí zì zhǐ duō yī xiǎo piě.
'천(千)' 자는 '십(十)' 자보다 삐침 한 획이 많을 뿐이다.

我比他只多一岁。
Wǒ bǐ tā zhǐ duō yí suì.
나는 그 보다 한 살이 많을 뿐이다.

你今天吃得比我只多一点。
Nǐ jīntiān chī de bǐ wǒ zhǐ duō yìdiǎn.
네가 오늘 먹은 것은 나보다 조금 더 많을 뿐이다.

단어 ▸ **明白 míngbai** 통 이해하다, 알다

대사연습

Practice

▶ 놀람 · 비아냥 · 화남 등의 어기에 주의하여 다음 대사를 큰 소리로 읽어봅시다. ⌒ MP3 05-17

❶ 差不多 妈妈，糖我买回来了。
Māma, táng wǒ mǎi huílai le.
☐☐☐

❷ 妈妈 这是什么？我不是说了买红糖吗？
Zhè shì shénme? Wǒ bú shì shuō le mǎi hóngtáng ma?
☐☐☐

怎么买了白糖？
Zěnme mǎi le báitáng?

❸ 差不多 红糖、白糖，不是差不多吗？
Hóngtáng、báitáng, bú shì chà bu duō ma?
☐☐☐

❹ 妈妈 红糖、白糖颜色上就不一样，差得多了！
Hóngtáng、báitáng yánsè shàng jiù bù yíyàng, chà de duō le!
☐☐☐

真气死我了。
Zhēn qìsǐ wǒ le.

시나리오 쓰기
Writing

▶ 차부뚜어 선생과 같은 실수를 주제로 한 시나리오를 중국어로 작성해 봅시다.

등장인물	줄거리

인물   대사

시나리오 쓰기
Writing

인물	대사

제6편

우공이산

등장인물

우공	아흔 살이지만 어려움을 두려워하지 않으며, 굳센 의지와 추진력이 있음
손자	할아버지의 결정이 이해가 되지 않지만, 그래도 말씀을 잘 듣는 손자
아들	아버지를 걱정하고 잘 따르는 효자 아들
며느리	시아버지를 항상 걱정해 주고 챙겨 주는 착한 성격
산신	귀엽고 겁이 많은 신
옥황상제	하늘과 땅을 주관하는 최고 신이면서도 신하들을 이해하고 도와주는 자상한 성격
마을 할아버지	우공과 같은 마을에 사는 시골 할아버지

줄거리

옛날 옛적 중국에 아흔 살 된 우공이라는 노인이 살고 있었다. 우공의 집 앞에는 태항산과 왕옥산이 가로막고 있어 생활하는 데 무척 불편했다. 어느 날 우공은 자손들과 함께 이 산을 옮기기로 결심하는데…….

'우공이산(愚公移山; 우공이 산을 옮기다)'은 중국의 교과서에도 자주 나오는 이야기다. 이 성어는 '어려움을 무릅쓰고 꾸준히 노력하면 큰 산도 옮길 수 있다'는 뜻으로 어떠한 어려움도 두려워하지 않고 굳센 의지로 밀고 나가면 성공하며 마음만 먹으면 못 해낼 일이 없다는 의미로 사용한다.

우공이란 90세 노인이 그의 집 앞을 가로막는 두 개의 산을 보며 불편을 느낀다.

🎧 MP3 06-01

解说　很久很久以前有位老人叫愚公快九十岁了。
　　　Hěn jiǔ hěn jiǔ yǐqián yǒu wèi lǎorén jiào Yúgōng kuài jiǔshí suì le.

　　　他家门前有两座大山，
　　　Tā jiā mén qián yǒu liǎng zuò dà shān,

　　　每天出门他都得越过那两座大山。
　　　měitiān chū mén tā dōu děi yuèguò nà liǎng zuò dà shān.

　　　(舞台上聚光灯射向愚公，叹着气独白)
　　　(wǔtái shàng jùguāngdēng shèxiàng Yúgōng, tànzhe qì dúbái

愚公　哎呀，今天还得爬这座山，如果没这座山那该多好啊！
　　　Āiyā, jīntiān hái děi pá zhè zuò shān, rúguǒ méi zhè zuò shān nà gāi duō hǎo a!

　　　(拍着膝盖) 我决定了，我要搬走这座山！
　　　(pāizhe xīgài) Wǒ juédìng le, wǒ yào bānzǒu zhè zuò shān!

🎧 MP3 06-02

단어

越过 yuèguò （동）넘다, 지나가다

射 shè （동）(열·빛 등을) 발산하다

叹气 tàn qì （동）탄식하다, 한숨
　　　쉬다

独白 dúbái （동）(동) 독백하다

还得 hái děi 또 ~해야 한다

膝盖 xīgài （명）무릎

搬走 bānzǒu （동）옮겨가다

연출하기
Direction

어떤 일을 하고자 강하게 마음 먹은 적이 있다면 이야기해 봅시다.

🎬 더 생각해보기

▶ 인물의 대사와 동작을 어떻게 표현할 수 있을까요?

▶ 배경, 음악, 조명, 소품 등 어떤 무대 장치를 활용할 수 있을까요?

대본 해석

내레이션 아주 먼 옛날에 우공이라는 90세 노인이 살고 있었습니다. 그의 집 앞에는 두 개의 큰 산이 있었는데, 매일 밖을 나갈 때마다 이 두 개의 큰 산을 넘어가야만 했습니다.
(무대 위 우공 스포트라이트, 한숨을 쉬며 독백)

우공 아이고! 오늘 또 이 산을 넘어가야 하네. 이 산이 없다면 얼마나 좋을까!
(무릎을 치며) 결심했어, 내가 이 산을 옮기고 말 테야!

Scene 2

Drama

저녁에 우공은 가족들에게 산을 옮기는 일을 제안한다.

MP3 06-03

解说	到了晚上愚公召集家人商量这件事， Dào le wǎnshang Yúgōng zhàojí jiārén shāngliang zhè jiàn shì,
	可是没有一个人赞成他的建议。 kěshì méiyǒu yí ge rén zànchéng tā de jiànyì.
	(全家人都聚在了一起) (quánjiā rén dōu jù zài le yìqǐ)
愚公	我想和你们一起搬走这座山。 Wǒ xiǎng hé nǐmen yìqǐ bānzǒu zhè zuò shān.
孙子	爷爷，您老糊涂了吗? 真的要搬吗? Yéye, nín lǎo hútu le ma? Zhēn de yào bān ma?
儿子	(担心地) 爸爸，您都这把年纪了。 (dānxīn de) Bàba, nín dōu zhè bǎ niánjì le.
儿媳	谁说不是呢? Shéi shuō bú shì ne?
儿子	爸爸，您还是安度晚年吧! Bàba, nín háishi āndù wǎnnián ba!
愚公	(生气地说) 我主意已定，你们知道就是了! (shēngqì de shuō) Wǒ zhǔyi yǐ dìng, nǐmen zhīdào jiùshì le!
一起	(叹了一口气) 爸爸…… 爷爷…… (tàn le yì kǒu qì) Bàba…… yéye……

단어

召集 zhàojí
　(동) 소집하다, 불러 모으다

商量 shāngliang (동) (주로 말로 문제를) 상의하다, 의논하다

赞成 zànchéng
　(동) 찬성하다, 동의하다

建议 jiànyì (동) (자기의 주장·의견을) 제기하다, 제안하다

糊涂 hútu (형) 어리석다

安度 āndù
　(동) (나날을) 편안히 보내다

晚年 wǎnnián
　(명) 만년(晚年), 노년(老年)

主意 zhǔyi
　(명) 방법, 생각, 아이디어

已定 yǐ dìng 이미 결정했다

MP3 06-04

내가 하고 싶은 일을 가족이 지지 또는 반대한 적이 있나요? 그때의 상황을 이야기해 봅시다.

 더 생각해보기

▶ 인물의 대사와 동작을 어떻게 표현할 수 있을까요?

▶ 배경, 음악, 조명, 소품 등 어떤 무대 장치를 활용할 수 있을까요?

대본 해석

내레이션	우공은 저녁에 가족들을 모아놓고 산을 옮기는 일에 대해 상의했습니다. 그러나 한 사람도 그의 의견에 찬성하지 않았습니다.
	(가족들 모두 한자리에 모여 있다)
우공	나는 너희들과 함께 이 산을 옮길 생각이다.
손자	할아버지, 제정신이세요? 정말 옮기시려고요?
아들	(걱정하며) 아버지, 연세가 이렇게 많으시잖아요.
며느리	누가 아니래요?
아들	아버지, 노년을 편안하게 보내셔야지요!
우공	(화를 내며) 난 이미 마음을 먹었으니 너희들은 그렇게 알고 있어라!
함께	(한숨 쉬며) 아버지…… 할아버지……

다음 날 우공은 가족들의 반대를 무릅쓰고 산을 옮긴다.

🎧 MP3 06-05

(第二天早晨愚公和他的家人拿着锄头和背架上了路)
(dì-èr tiān zǎochén Yúgōng hé tā de jiārén názhe chútou hé bēijià shàng le lù)

孙子 爷爷，我们真的能搬走这座山吗？
Yéye, wǒmen zhēn de néng bānzǒu zhè zuò shān ma?

愚公 只要我们齐心协力没有办不到的事儿。
Zhǐyào wǒmen qíxīn xiélì méiyǒu bàn bu dào de shìr.

(这时从远处跑来儿子夫妇)
(zhèshí cóng yuǎnchù pǎolái érzi fūfù)

儿子 爸爸，您怎么这么顽固呢？
Bàba, nín zěnme zhème wángù ne?

儿媳 就是啊，公公您真的想死在山上吗？
Jiùshì a, gōnggong nín zhēn de xiǎng sǐ zài shān shàng ma?

孙子 要是爷爷有个三长两短，怎么办？
Yàoshì yéye yǒu ge sāncháng liǎngduǎn, zěnme bàn?

愚公 别吵了！我的主意已定。累了，我先进去了。
Bié chǎo le! Wǒ de zhǔyi yǐ dìng. Lèi le, wǒ xiān jìnqù le.

解说 不管是春夏秋冬，愚公和他的家人每天坚持搬山。
Bùguǎn shì chūn xià qiū dōng, Yúgōng hé tā de jiārén měitiān jiānchí bān shān.
可是山还是那么高，他们到底能搬得动那座山吗？
Kěshì shān háishi nàme gāo, tāmen dàodǐ néng bān de dòng nà zuò shān ma?

🎧 MP3 06-06

단어

锄头 chútou [명] 중국 남방 지역
에서 사용하는 곡괭이 모양
의 농구

背架 bēijià [명] 지게

齐心协力 qíxīn xiélì
[성] 한마음 한뜻으로 협력하다

办不到 bàn bu dào
[동] 할 수 없다, 해낼 수 없다

顽固 wángù
[형] 완고하다, 고집스럽다

死 sǐ [동] 죽다

三长两短 sāncháng liǎngduǎn
[성] 뜻밖의 재난이나 변고

吵 chǎo [형] 시끄럽다, 떠들썩하다

搬得动 bān de dòng 옮길 수 있다

연출하기
Direction

나의 의견에 반대하는 사람에게 어떻게 행동했는지 이야기해 봅시다.

_____

_____

_____

_____

🎬 더 생각해보기

▶ 인물의 대사와 동작을 어떻게 표현할 수 있을까요?

▶ 배경, 음악, 조명, 소품 등 어떤 무대 장치를 활용할 수 있을까요?

대본 해석

(다음 날 아침 우공과 그의 가족은 호미와 지게를 가지고 길을 나선다)

손자 할아버지, 우리가 정말 이 산을 옮길 수 있을까요?

우공 우리들이 한마음 한뜻으로 힘을 합친다면 못할 일이 없단다.

(이때 멀리서 아들 부부가 뛰어온다)

아들 아버지, 어쩌면 이렇게 고집이 세셔요?

며느리 그러게 말예요, 아버님 그러시다가 이 산에서 돌아가시면 어떻게 하시려고요?

손자 만약 할아버지께 무슨 일이 생기면 어떡해요?

우공 그만 얘기하거라! 이미 마음먹은 일이다. 피곤하구나, 들어가야겠다.

내레이션 봄 여름 가을 겨울 할 것 없이 우공과 그의 가족들은 매일 계속해서 산을 옮겼습니다. 하지만 산은 줄어들 줄 몰랐지요. 과연 그들은 저 산을 옮길 수 있을까요?

Scene 4

Drama

우공의 집 앞 산에 사는 산신은 우공이 산을 옮기는 사실을 옥황상제에게 알린다.

🎧 MP3 06-07

解说 有个山神住在这个山里，因为愚公要搬走他的家，
Yǒu ge shānshén zhù zài zhè ge shān li, yīnwèi Yúgōng yào bānzǒu tā de jiā,

他非常头疼，就去禀告了玉帝。
tā fēicháng tóuténg, jiù qù bǐnggào le Yùdì.

（山神喘着粗气跑到玉皇大帝前，以一副紧张的表情）
(shānshén chuǎnzhe cūqì pǎodào Yùhuángdàdì qián, yǐ yí fù jǐnzhāng de biǎoqíng)

山神 玉帝，请您劝一劝糊涂的愚公吧！
Yùdì, qǐng nín quàn yi quàn hútu de Yúgōng ba!

玉帝 （奇怪地）你怎么了？一副紧张的样子……。
(qíguài de) Nǐ zěnme le? Yí fù jǐnzhāng de yàngzi…….

山神 （可爱地嘟囔着）玉帝，那个叫愚公的老爷子正在铲平
(kě'ài de dūnangzhe) Yùdì, nà ge jiào Yúgōng de lǎoyézi zhèngzài chǎnpíng

🎧 MP3 06-08

我住的那座山。
wǒ zhù de nà zuò shān.

玉帝 啊，开什么玩笑？
Á, kāi shénme wánxiào?

（瞪着大眼睛）难道还有这种事儿。我去看看。
(dèngzhe dà yǎnjing) Nándào háiyǒu zhè zhǒng shìr. Wǒ qù kànkan.

단어

山神 shānshén 명 산신, 산신령

头疼 tóuténg 형 골치가 아프다

禀告 bǐnggào
　　　 동 보고하다, 말씀드리다

玉帝 Yùdì 명 옥황상제
　　　 =[玉皇大帝(Yùhuángdàdì)]

喘气 chuǎn qì 동 헐떡거리다

劝 quàn 동 타이르다, 설득하다

一副……样子 yí fù……yàngzi
　　　 ~한 모양을 하다

紧张 jǐnzhāng 형 (정신적으로)
　　　 긴장하다, 불안하다

嘟囔 dūnang 동 투덜거리다

铲平 chǎnpíng 동 평평하게 깎다

难道 nándào 부 설마 ~란 말
　　　 인가?, 설마 ~하겠는가?

'三长两短', '开玩笑'를 주제로 이야기를 만들어 봅시다.

 더 생각해보기

▶ 인물의 대사와 동작을 어떻게 표현할 수 있을까요?

▶ 배경, 음악, 조명, 소품 등 어떤 무대 장치를 활용할 수 있을까요?

대본 해석

내레이션	이 산에는 산신이 살고 있었는데 그는 우공이 자기의 집을 옮기고 있는 것을 보고 머리가 매우 아파서 옥황상제에게 가서 이 사실을 고했습니다.
	(산신 헐레벌떡 옥황상제 앞으로 뛰어와 긴장한 표정으로)
산신	옥황상제님, 어리석은 우공을 좀 설득해 주세요!
옥황상제	(의아해하며) 무슨 일인가? 이렇게 긴장한 표정을 하고는…….
	(귀엽게 투덜대며)
산신	옥황상제님, 우공이라는 늙은이가 지금 내가 살고 있는 저 산을 깎고 있습니다.
옥황상제	뭐라, 무슨 말도 안 되는 소리인가?
	(눈을 크게 뜨며) 설마 그런 일이 있다니. 한번 가서 보세.

Scene 5
Drama

옥황상제는 우공의 태도와 마음에 감동하여 우공을 도와주기로 한다.

🎧 MP3 06-09

解说 玉帝和山神一起坐云下凡。山神指着北方山，
Yùdì hé shānshén yìqǐ zuò yún xià fán. Shānshén zhǐzhe běifāngshān,

玉帝看到愚公和他的子孙们努力工作的样子。
Yùdì kàndào Yúgōng hé tā de zǐsūnmen nǔlì gōngzuò de yàngzi.

玉帝 那就是愚公吗?
Nà jiùshì Yúgōng ma?

山神 是啊，不管刮风还是下雨，他们都在那里搬山。
Shì a, bùguǎn guāfēng háishi xiàyǔ, tāmen dōu zài nàli bān shān.

愚公 孩子们，加油干啊!
Háizimen, jiāyóu gàn a!

孙子 (挖着地) 一、二…… 使劲儿!
(wāzhe dì) Yī、èr…… shǐjìnr!

(以玉皇大帝和山神为中心移动，愚公和家人退场)
(yǐ Yùhuángdàdì hé shānshén wéi zhōngxīn yídòng, Yúgōng hé jiārén tuìchǎng)

玉帝 (摸着下巴) 哈哈! 世间竟有这等事，我想助他一臂之力。
(mōzhe xiàba) Hāhā! Shìjiān jìng yǒu zhè děng shì, wǒ xiǎng zhù tā yíbì zhīlì.

我打算帮他搬走那两座山。
Wǒ dǎsuàn bāng tā bānzǒu nà liǎng zuò shān.

解说 玉帝被愚公移山的诚意所感动，就派大力神去背走
Yùdì bèi Yúgōng yí shān de chéngyì suǒ gǎndòng, jiù pài dàlìshén qù bēizǒu

了那两座大山。
le nà liǎng zuò dà shān.

🎧 MP3 06-10

단어

下凡 xià fán 동 속세에 내려오다

指 zhǐ 동 가리키다

努力 nǔlì 동 노력하다, 열심히 하다

刮风 guāfēng 동 바람이 불다

挖 wā 동 파내다

使劲儿 shǐjìnr 동 힘을 쓰다

摸 mō 동 쓰다듬다

下巴 xiàba 명 아래턱

等 děng 양 종류

一臂之力 yíbì zhīlì 성 조그마한 힘, 보잘것없는 힘

打算 dǎsuàn 동 ~할 생각이다, ~하려고 하다

诚意 chéngyì 명 성의, 진심

感动 gǎndòng 동 감동하다, 감동되다

派 pài 동 파견하다

大力神 dàlìshén 명 힘의 신

연출하기
Direction

상대방의 행동에 감동한 적이 있다면 이야기해 봅시다.

_____

_____

_____

_____

 더 생각해보기

▶ 인물의 대사와 동작을 어떻게 표현할 수 있을까요?

▶ 배경, 음악, 조명, 소품 등 어떤 무대 장치를 활용할 수 있을까요?

대본 해석

내레이션	옥황상제와 산신은 함께 구름을 타고 인간 세상에 내려왔습니다. 산신은 북쪽에 있는 산을 가리켰고, 옥황상제는 우공과 그의 자손들이 열심히 일하는 모습을 보았습니다.
옥상황제	저 사람이 바로 우공인가?
산신	네, 맞습니다. 그들은 바람이 부나 비가 오나 저곳에서 산을 옮기고 있습니다.
우공	얘들아, 힘을 내자!
손자	(땅을 파며) 하나, 둘…… 영차!
	(옥황상제와 산신 무대 가운데로 이동, 우공과 손자들 조용히 퇴장)
옥황상제	(턱을 만지며) 하하! 세상에 이런 일이 있다니, 내가 그를 도와주고 싶구나. 내가 우공을 도와서 저 두 산을 옮길 것이다.
내레이션	우공이 산을 옮기는 행동에 감동한 옥황상제는 힘의 신을 보내 두 개의 산을 옮겨 주었습니다.

다음날 아침 우공은 두 개의 산이 없어진 것을 발견하고 깜짝 놀란다.　🎧 MP3 06-11

(早晨愚公带着他的孩子们去搬山时，看到两座
(zǎochén Yúgōng dàizhe tā de háizimen qù bān shān shí, kàndào liǎng zuò

大山不见了大声惊呼)
dà shān bú jiàn le dà shēng jīnghū)

愚公	啊！大家都看到了吧，山没了。
	Á! Dàjiā dōu kàndào le ba, shān méi le.

村里爷爷	(跟着愚公走了出来) 太让人难以置信啊！
	(gēnzhe Yúgōng zǒu le chūlái) Tài ràng rén nányǐ zhìxìn a!

儿子	(感叹着) 是我们的努力感动了玉帝。
	(gǎntàn zhe) Shì wǒmen de nǔlì gǎndòng le Yùdì.

孙子	(拍着手) 哇！奇迹真的出现了！
	(pāizhe shǒu) Wā! Qíjì zhēn de chūxiàn le!

(全家人一起站在舞台的中间开心地笑着)
(quánjiā rén yìqǐ zhànzài wǔtái de zhōngjiān kāixīn de xiàozhe)

解说　无论做任何事，只要有坚定的信念、恒心和毅力，
Wúlùn zuò rènhé shì, zhǐyào yǒu jiāndìng de xìnniàn、héngxīn hé yìlì,

成功终会属于他们，愚公移山就是这个道理。
chénggōng zhōng huì shǔyú tāmen, Yúgōng yíshān jiùshì zhè ge dàolǐ.

🎧 MP3 06-12

단어

带 dài ⟨동⟩ 데리고 가다

惊呼 jīnghū
　⟨동⟩ 깜짝 놀라 소리치다

难以置信 nányǐ zhìxìn
　⟨성⟩ 믿기 어렵다

感叹 gǎntàn ⟨동⟩ 감탄하다

奇迹 qíjì ⟨명⟩ 기적

任何 rènhé ⟨대⟩ 어떠한, 무슨

坚定 jiāndìng ⟨형⟩ 굳다, 확고하다

信念 xìnniàn ⟨명⟩ 신념, 믿음

恒心 héngxīn
　⟨명⟩ 변함없는 마음, 의지

成功 chénggōng
　⟨명⟩⟨동⟩ 성공(하다)

终会 zhōng huì 언젠가, 결국
　~할 것이다

属于 shǔyú ⟨동⟩ ~에 속하다

道理 dàolǐ ⟨명⟩ 도리

연출하기
Direction

본인의 노력으로 이루어진 일에 관하여 이야기해 봅시다.

_____

_____

_____

_____

 더 생각해보기

▶ 인물의 대사와 동작을 어떻게 표현할 수 있을까요?

▶ 배경, 음악, 조명, 소품 등 어떤 무대 장치를 활용할 수 있을까요?

대본 해석

(아침에 우공이 가족들을 데리고 산을 옮기러 갔을 때 두 개의 산이 보이지 않자 깜짝 놀라서 소리친다)

우공 아! 모두들 보이지, 산이 없어졌어.

마을 할아버지 (우공을 뒤따라 나오며) 정말 믿기지 않아!

아들 (감탄하며) 우리들의 노력이 옥황상제를 감동시켰나 봐요.

손자 (손뼉을 치며) 와! 기적이 정말 일어났어요!

(가족들 모두 무대 가운데로 함께 모이며 밝게 웃는다)

내레이션 우리가 어떠한 일을 하든 오직 확고한 신념, 변함없는 마음과 굳센 의지만 있다면 반드시 성공할 것입니다. 우공이산은 바로 이러한 이치를 이야기하고 있습니다.

문장 해설
Explanation

1 该多+형용사

多는 주로 형용사 앞에서 형용사를 수식하면서 형용사의 정도를 더해 주는 역할을 한다. 该는 조동사로 '마땅히 ~해야 한다'라는 의미이다. 이 형식에서는 「多+형용사」 앞에 쓰여 감탄의 어기를 강하게 한다.

해설 예문 　**没这座山那该多好啊！** 이 산이 없다면 얼마나 좋을까!
　　　　　Méi zhè zuò shān nà gāi duō hǎo a?

　　　　　明年去中国旅行该多幸福？ 내년에 중국 여행을 간다면 얼마나 행복할까?
　　　　　Míngnián qù Zhōngguó lǚxíng gāi duō xìngfú?

　　　　　能当老师该多好？ 선생님이 될 수 있다면 얼마나 좋을까?
　　　　　Néng dāng lǎoshī gāi duō hǎo?

2 三长两短

중국 춘추전국 시대의 유명한 보검을 만드는 대장장이가 신비의 물건 5가지로 5개의 보검을 만들었는데 그중 3개는 장검이고 2개는 단검이었다고 한다. 이 보검은 천하무적의 병기로 엄청난 피를 뿌리며 시대를 평정하였다고 한다. 그 이후로 이 5개의 보검(3개의 장검, 2개의 단검)은 '피바람(살상)', '변고'를 뜻하게 되었다.

해설 예문 　**爷爷有个三长两短怎么办？**
　　　　　Yéye yǒu ge sāncháng liǎngduǎn zěnme bàn?
　　　　　할아버지께 무슨 일이 생기면 어떡해요?

　　　　　万一你有个三长两短，我怎么对你父母说？
　　　　　Wànyī nǐ yǒu ge sāncháng liǎngduǎn, wǒ zěnme duì nǐ fùmǔ shuō?
　　　　　만약 너에게 무슨 일이 생기면, 나는 어떻게 너의 부모님께 알려야 하니?

　　　　　他要是在旅游中有个三长两短，我可承担不起。
　　　　　Tā yàoshì zài lǚyóu zhōng yǒu ge sāncháng liǎngduǎn, wǒ kě chéngdān buqǐ.
　　　　　그가 만약 여행 중에 무슨 일이 생긴다면 나는 감당할 수 없을 거야.

단어 ▶ **万一 wànyī** 접 만일, 만약 │ **承担 chéngdān** 동 감당하다, 책임지다 │ **不起 bu qǐ** ~할 수 없다[동사 뒤에 놓여 역량이 부족함을 표시함]

3   一副……样子

副는 한 벌, 한 쌍으로 된 물건에 쓰는 양사인데, 여기서는 样子의 양사로 쓰였다. 주로 사람의
모습이나 표정을 묘사한다.

해설 예문   **山神一副紧张的样子去找玉帝。**
Shānshén yí fù jǐnzhāng de yàngzi qù zhǎo Yùdì.
산신은 잔뜩 긴장한 표정으로 옥황상제를 찾아갔다.

妹妹装出一副可爱的样子。
Mèimei zhuāngchū yí fù kě'ài de yàngzi.
여동생은 귀여운 모습을 하고 있다.

他总是一副不在乎的样子。
Tā zǒngshì yí fù bú zàihu de yàngzi.
그는 항상 대수롭지 않게 여기는 모습이다.

4   不管……还是……

접속사 还是는 주로 조건에 따른 결과를 나타내는 문장에서 조건에 대한 선택을 나타낸다.
'无论', '不管', '不论', '都와 함께 쓰여, 예를 든 범위 안에서는 모두 그러함을 나타낸다.

해설 예문   **不管刮风还是下雨，他们都在那里搬山。**
Bùguǎn guāfēng háishi xiàyǔ, tāmen dōu zài nàli bān shān.
바람이 부나 비가 오나, 그들은 저곳에서 산을 옮기고 있다.

不管过去还是现在，他还是喜欢旅游。
Bùguǎn guòqù háishi xiànzài, tā háishi xǐhuan lǚyóu.
과거든 현재든 그는 여전히 여행을 좋아한다.

不管去还是不去，我们都要决定下来。
Bùguǎn qù háishi bú qù, wǒmen dōu yào juédìng xiàlai.
가든 안 가든 우리는 모두 결정해야 한다.

단어 ▶ **装出 zhuāngchū** 图 가장하다 | **不在乎 bú zàihu** 图 대수롭지 않게 여기다 | **决定 juédìng** 图 결정하다

▶ 긴장한 · 의아한 · 투덜거리는 등의 어기에 주의하여 다음 대사를 큰 소리로 읽어봅시다. 🎧 MP3 06-13

① 山神　玉帝，请您劝一劝糊涂的愚公吧！　☐☐☐
　　Yùdì, qǐng nín quàn yi quàn hútu de Yúgōng ba!

② 玉帝　你怎么了？一副紧张的样子……。　☐☐☐
　　Nǐ zěnme le? Yí fù jǐnzhāng de yàngzi…….

③ 山神　玉帝，那个叫愚公的老爷子正在铲平我住的　☐☐☐
　　Yùdì, nà ge jiào Yúgōng de lǎoyézi zhèngzài chǎnpíng wǒ zhù de

　　那座山。
　　nà zuò shān.

④ 玉帝　啊，开什么玩笑？　☐☐☐
　　Á, kāi shénme wánxiào?

　　难道还有这种事儿。我去看看。
　　Nándào háiyǒu zhè zhǒng shìr. Wǒ qù kànkan.

시나리오 쓰기
Writing

▶ 갈등을 주제로 한 시나리오를 중국어로 작성해 봅시다.

등장인물	줄거리

인물	대사

인물	대사

▶ 다음 글을 읽고 극을 구성해 시나리오를 만들어 봅시다.

好好先生

　　东汉末年的司马徽善于识别人才，但由于当时社会斗争相当复杂，他自己却经常装糊涂，从来不说别人的短处，不管是好是坏，他总是回答"好"。日子久了，他也就成为"好好先生"。有一天，他在路上碰到一位熟人。那人问司马徽："身体好吗？"。司马徽回答说："好"。又有一天，他的一位朋友前来拜访，伤心地谈起了自己的儿子死了。不料，司马徽听了竟说："太好"。他的妻子等朋友走后责备他说："人家以为你是有德行的人，所以直言相告。哪里有听别人说儿子死了，反而说好的？"司马徽回答说："好啊，你的话也是太好。"妻子听了，弄得哭笑不得。如今世人所称的"好好先生"一语，其出处就来自于此。

🎬 더 생각해보기

　　▶ 好好先生의 또 다른 일화를 가정해 봅시다.

　　▶ '좋은 게 좋은 것이다' 라는 생각으로 임했던 경험을 떠올려 봅시다.

단어 ▶ **善于 shànyú** 〔형〕 ~를 잘하다 | **识别 shíbié** 〔동〕 식별하다, 가려내다 | **由于 yóuyú** 〔접〕 ~때문에 | **却 què** 〔접〕 도리어, 오히려 | **从来不 cónglái bù** 〔부〕 단 한번도 | **碰到 pèngdào** 〔동〕 부닥치다, 맞닥뜨리다 | **熟人 shúrén** 〔명〕 잘 알고 있는 사람 | **不料 búliào** 〔부〕 뜻밖에, 의외에 | **竟 jìng** 〔부〕 결국, 오히려 | **责备 zébèi** 〔동〕 책망하다 | **反而 fǎn'ér** 〔부〕 오히려, 역으로 | **哭笑不得 kū xiào bù dé** 웃을 수도 울 수도 없다, 이러지도 저러지도 못하다 | **如今 rújīn** 〔명〕 오늘날

인물

대사

플러스
연습

인물   대사

K

Y

Z

memo

memo